Marleen van de Camp

20 TOUREN

**DÜSTERE
SAGEN UND
VERLASSENE
ORTE**

UNHEIMLICHE
WANDERUNGEN

Schwarzwald

D1718532

belser

#01	Vom Galgenberg durch die Ungeheurklamm	Seite 06
#02	Vom Mausstollen zum Lost Place Charlottenhöhe	Seite 10
#03	Zur Burg Alt-Eberstein, Wolfsschlucht und Teufelskanzel	Seite 16
#04	Die Schlossruine Hohenbaden und der Battert	Seite 22
#05	Durch die Teufelskammern auf die Teufelsmühle	Seite 30
#06	Vom Hohlohturm über den Toten Mann zum Rombachhof	Seite 36
#07	Nachtwanderung durch das Wildseemoor	Seite 42
#08	Zwei Klöster, Bruderhöhle und Wolfsschlucht	Seite 46
Exkurs	**Fledermäuse in Deutschland**	Seite 54
#09	Lost Places, Wildnis und Wasserfälle im Hochschwarzwald	Seite 56
#10	Vom Edelfrauengrab zur Klosterruine Allerheiligen	Seite 62
#11	Vom Führerhauptquartier zum sagenumwobenen Ellbachsee	Seite 70
#12	Vom Sankenbachsee zum Lost Place Schlosshotel Waldlust	Seite 78
#13	Durch das Schelmenloch zum Triberger Galgen	Seite 84
#14	Vom Blocksberg des Schwarzwalds zur Schwarzenburg	Seite 90
#15	Vom Galgenbühl im Höllental durch die Ravennaschlucht	Seite 96
#16	Vom Gasthaus Löwen zur Burgruine Staufen	Seite 102
#17	Durch das Urseemoor zur Bärenhöhle	Seite 110
Exkurs	**Giftschlangen in Deutschland**	Seite 116
#18	Vom Kloster St. Blasien zum Feldsee	Seite 118
#19	Durch das Höllbachtal zur Teufelsküche	Seite 126
#20	Vom Diebesturm Tiengen zur Küssaburg	Seite 132

Vorwort

Die meisten sind sicher der Meinung, dass unheimliche Geschichten und Wanderführer kaum gegensätzlicher sein könnten. Horrorliteratur konfrontiert euch schließlich mit euren größten Ängsten, während Wanderführer euch die schönsten Wege zeigen, um unterwegs Ängste und Sorgen zu vergessen. Oder?

Ich würde sagen, beide haben denselben Effekt. Furcht und Mitleid, Jammern und Schaudern reinigen die Seele. Das wusste schon Aristoteles. Moderner könnte man vielleicht sagen, dass der Leser einer schaurigen oder traurigen Geschichte seinen Alltag vollkommen vergisst.

Warum also nicht beides kombinieren, zum Beispiel in diesem unheimlichen Wanderführer? Er bringt euch über wunderschöne Wege zu grausigen Orten. Und das in einer der unheimlichsten Regionen, die Deutschland zu bieten hat: im tiefen Schwarzwald. Also gute Erholung beim Wandern und Schaudern!

Marleen van de Camp

01

#

Vom Galgenberg durch die Ungeheuerklamm

Ihr besichtigt die Überreste des Weingartener Galgens im alten Gefängnisturm. Wandert zur Hinrichtungsstätte und taucht dann in die Tiefen der Ungeheurklamm, wo ein Gespenst Menschen zu Tode erschreckt haben soll.

IHR STARTET am Wartturm auf einer Anhöhe über dem Zentrum von Weingarten. Der zehn Meter hohe Bruchsteinturm diente um 1800 als Gefängnis. Heute ist er ein Museum, in dem ein Überrest des WEINGARTENER GALGENS ausgestellt ist. Neben der zerbrochenen, fast 300 Jahre alten Galgensäule informiert eine Tafel über ihren ursprünglichen Nutzen. Zusammen mit zwei weiteren Säulen bildete sie ein Dreieck, das Holzbalken trug. Sieben Menschen konnten daran gleichzeitig hingerichtet werden, wobei für den siebten als „Erzdieb" ein höherer Balken hinzugefügt wurde. Das grausame Geschehen fand gut drei Kilometer entfernt von hier statt – auf dem Galgenberg, zu dem ihr nun wandert.

Geht vom Wartturm knapp 150 Meter zum FRIEDHOF, den ihr umrunden oder überqueren könnt, um die alten Grabsteine zu betrachten. Quert nahe der Friedhofskapelle den Steigweg und folgt dem grünen Symbol der „Kraichgau-Stromberg-Tour WG 1" für 2,5 Kilometer. Der Schotterweg führt an einem mit Efeu und Schlingpflanzen überwucherten Steilhang entlang, hinter dem dichter Wald liegt. Bald schlängelt ihr euch auf schmalen Pfaden durch Buschwerk.

Nach 2,4 Kilometern erreicht ihr eine kleine Ebene, hinter der es bergab geht, und steht an dem Ort, wo jahrhundertelang Menschen grausam vom Leben in den Tod befördert wurden. Vom Galgen selbst ist nichts mehr zu sehen, da

HIN & ZURÜCK
Öffentlicher Parkplatz am Steigweg sowie Katzenbergweg, alternativ das Parkhaus Marktplatz; Bushaltestelle „Weingarten Rathaus"
- Halbtagestour
- Rundwanderung
- hoch 190 m, runter 190 m
- Länge: 7,2 km

seine Teile von Anwohnern als Talismane nach Weingarten geholt wurden. Doch wenn ihr bedenkt, dass der Blick von hier über die Rheinebene für die Verurteilten der letzte Blick ihres Lebens war, läuft euch ein Schauer über den Rücken.

Der Weg führt nun steil bergab – die UNGE-HEUERKLAMM liegt vor euch. Einer Sage nach soll ein Wanderer in der Klamm von einem fahlen Wesen mit durchscheinenden Rippen verfolgt worden sein. Es heißt, der Mann sei kurz darauf gestorben.

Kreuzt den Schotterweg und folgt einem Trampelpfad leicht rechts durch die Klamm.

Ihr steht an dem Ort, wo jahrhundertelang Menschen grausam vom Leben in den Tod befördert wurden.

ACHTUNG
Die Ungeheurklamm ist ein
Naturschutzgebiet – bleibt
bitte auf den Wegen.

Folgt dem Lehmpfad nach rechts, bergauf und bergab, über umgestürzte Bäume und dicke Felsbrocken. Unter den hohen Baumkronen erzeugt das Zwielicht eine unbehagliche Atmosphäre. Efeu windet sich in dicken Ranken um die Bäume und hängt wie Lianen von ihren Ästen. Je länger ihr dem Pfad folgt, desto tiefer klafft der Abgrund zu eurer Rechten. In bis zu 15 Metern Tiefe herrscht ein Chaos aus moosbewachsenen Steinen und Totholz. Ein einzelner Baum hat es geschafft, sich festzukrallen, und hängt wie eine vermoderte Brücke über dem Abgrund.

Nach einem Kilometer klettert ihr direkt am Abhang über die riesigen Wurzeln einer Buche und quert die Ungeheurklamm auf der Holzbrücke. Geht steil bergauf, kreuzt den befestigten Weg und haltet euch links, um unter dem blauen W dem Weinpfad Kraichgau weiter bergauf zu folgen. Der Waldboden ist übersät mit entwurzelten Bäumen, die von Efeu und Moos überwuchert sind. Bald schiebt ihr euch bergauf und bergab durch dichtes Gestrüpp.

Folgt nach 600 Metern dem Weinpfad nach links und geht 800 Meter weiter rechts bergauf, bis die REEBANLAGE KATZENBERG vor euch liegt und einen beeindruckenden Blick über Weingarten, Karlsruhe und die Rheinebene bietet.

Links steht ein Kreuz mit GEDENKSTEIN, der an den gewaltsamen Tod zweier junger Menschen erinnert. Eine Elfjährige wurde entführt und ermordet, ein 22-Jähriger bei einem Banküberfall getötet. Ihr geht am Weinberg entlang bergab, haltet euch nach 275 Metern rechts, geht Richtung „Weingarten Friedhof" und kehrt zum Wartturm zurück.

Diese unheimliche Wanderung führt nicht durch den Schwarzwald, sondern den Kraichgau. Beide Regionen liegen im Regierungsbezirk Karlsruhe.

TIPP
Das Museum im Turm ist zwischen Ostern und Allerheiligen an Sonn- und Feiertagen von 15-18 Uhr geöffnet.
Die Wanderung ist ideal für den Hochsommer.

02

Vom Mausstollen
zum Lost Place
Charlottenhöhe

Von einem verlassenen Bergwerk wandert ihr über mystische Pfade zur verfallenden Volksheilstätte Charlottenhöhe. Das ehemalige Sanatorium ist so unheimlich, dass es Geisterjäger anzieht.

HIN & ZURÜCK
Wanderparkplatz Mühlweg in Engelsbrand; Bushaltestelle „Engelsbrand Betriebshof Eberhard"
- Tagestour
- Streckenwanderung
- Länge 14,9 km
- hoch 348 m, runter 529 m

VOM MÜHLWEG in Engelsbrand geht ihr neben dem kleinen Parkplatz nahe der Hauptstraße in den Wald und folgt einem einsamen Weg Richtung Osten. Biegt dann links auf die Straße „Am Feuerwehrhaus" ab und wandert auf der Alten Salmbacher Straße parallel zu einem steinernen, ausgetrockneten Flussbett. Nach 370 Metern führt die gelbe Raute nach rechts auf einen schmalen Pfad über Steine und Wurzeln. Überquert die L 526, haltet euch rechts und durchwandert ein Waldstück mit auffällig viel Totholz und verrottenden Baumstümpfen. Bei der DR. ROSEMARIE MÜLLER HÜTTE blickt ihr über das Nagoldtal, bevor ihr der Alten Grunbacher Straße weiter bergab folgt. Die Bäume zu beiden Seiten stehen so dicht, dass der Wald selbst bei Sonnenschein schwarz und unheimlich wirkt.

Nach 250 Metern folgt ihr einem Pfad nach links. Eine überwucherte Steinmauer taucht vor euch auf. Zwischen Moos und Farn klafft in ihrer Mitte ein schwarzes Loch: die verlassene GRUBE MAUSSTOLLEN. Schon die Kelten haben hier vor 2500 Jahren Erz abgebaut. Der Zugang wird von Eisenstäben verwehrt, doch beim Blick durch die Gittertür spürt ihr die feuchte Kälte aus dem Stollen und nehmt den modrigen Geruch wahr. Geht zurück, vorbei an der Dr. Rosemarie Müller Hütte und geradeaus auf die Büchenbronner Straße. Der Schotterweg wird zu einem Pfad und führt durch Mischwald und Wiesen. Links hinter

den Bäumen liegt der Wohnplatz Igstatt. Schon kurz darauf hört ihr ein Plätschern, das nach und nach zum Rauschen anschwillt. Der wilde Bachlauf des BEUTBACHS führt durch eine Schlucht direkt zum Feuersee. Umrundet den Feuersee und folgt der gelben Raute Richtung „Schömberg". Lasst Grunbach links liegen und passiert einen algengrünen Teich, auf dem Enten und Schwäne brutal um die Vorherrschaft kämpfen.

Nach 200 Metern überquert ihr die Calwer Straße und folgt dem Säuweg links bergan in den unheimlichen Wald. 300 Meter weiter geht es kurz nach rechts und dann links der gelben Raute nach zum Wildgehege. Umrundet den Spielplatz Sieben Eichen und folgt dem Schwarzenberger Weg in den Heiligenwald. Fichten, Buchen und Stechpalmen stehen dicht und dunkel am Wegesrand. An der Julius Eberhard Hütte folgt ihr dem Weg weiter nach rechts. Nach 300 Metern weist euch an einer Kreuzung die Ameisenwaldhütte den Weg. Lasst sie rechts liegen. Bald faucht der

Beim Blick durch die Gittertür spürt ihr die feuchte Kälte aus dem Stollen und nehmt den modrigen Geruch wahr.

ÜBERNACHTUNG
In Pforzheim lädt die DJH Jugendherberge Burg Rabeneck zur Übernachtung in einer Burgruine aus dem 13. Jahrhundert ein.

TIPP
In Neuenbürg befindet sich das Schaubergwerk Frischglück. Neben der normalen Besichtigungsstrecke werden auch Abenteuerführungen angeboten – auf einer Strecke, die nach der Stilllegung im Originalzustand belassen wurde.

Wind über eine riesige Feuchtwiese. Dann entdeckt ihr, dass es im Wald unweit der Straße kreucht und fleucht. Die Gegend heißt nicht grundlos Ameisenwald.

Biegt nach 1,2 Kilometern links in den Römerweg und folgt bald der gelben Raute nach rechts. Ein schmaler Pfad führt durch ein mystisches Waldstück mit bizarren, flugmoosbehangenen Baumskeletten. Überquert die westliche Hauptstraße. Der Pfad ist lehmig, der Wind rauscht so laut in den Bäumen, als wäre ein Wasserfall in der Nähe. An der nächsten Kreuzung haltet ihr euch rechts Richtung „Schömberg (2,5km)". Bei Langenbrand kommt ihr aus dem Wald und überquert die Schömberger Straße. Vorbei am Höhen-Campingplatz, auf dem ihr übernachten könntet, folgt ihr dem Weinsträßle wieder in den Wald. Achtung: Direkt am Weg wachsen Pflanzen, die an Rhabarber erinnern. Es ist giftige Pestwurz!

Anstatt Richtung Rotwildgehege weiterzugehen, folgt ihr der roten Raute mit weißem Balken auf den Mittelweg nach rechts Richtung Charlottenhöhe. Nach 400 Metern biegt ihr auf den Weg nach links ab, passiert die Rossgrundhütte und wählt nach 300 Metern den zweiten Weg von rechts. An diesem halb zugewachsenen Pfad bemerkt ihr nach 30 Metern einen Geocache an einem alten Nadelbaum. Bald wird der Weg lehmig und steinig. Es geht merklich bergauf – die verlassene Heilanstalt Charlottenhöhe ist nicht mehr weit.

Nach 1,1 Kilometern geht ihr geradeaus auf den FISCHERPFAD. Das hölzerne Straßenschild steht auf dem Kopf. Ist dies ein böses Omen? Der Pfad führt durch dichtes Unterholz und über große Steinblöcke bergab. Dann duckt ihr euch unter Bäume, durch deren Äste ihr schon Graffiti erkennen könnt, und seid auf der Charlottenhöhe angekommen.

Die VOLKSHEILSTÄTTE CHARLOTTENHÖHE wurde 1907 im Beisein des württembergischen Königspaares als Volksheilstätte für Tuberkulosekranke eingeweiht und nach der Königin benannt. Hier wurden in den 50er-Jahren jeden Tag über 200 an der lebensbedrohlichen Lungenkrankheit Leidende behandelt. Für viele war es die letzte Station ihres Lebens.

Die Klinikgebäude wurden 1998 dem Verfall überlassen, weil sie wegen Denkmalschutzes nicht abgerissen werden dürfen. Der Erbe ist verschollen. Eine schwarze Hand auf einem riesigen Schild warnt vor dem Betreten: Lebensgefahr! Anstelle des Heilklimas, für das die Charlottenhöhe berühmt war, erfüllt Modergeruch die Luft. Das Hauptgebäude scheint aus zersplitterten Augen zu starren. Die einst freundlich hellen Schindelwände sind schmierig, Putz bröckelt ab und legt das Innere frei. Balkone, auf denen früher Kranke ihre Liegekuren erhielten, sind zertrümmert oder zugewachsen, die Dächer verfallen. Doch auf einem Dach reitet über einem demolierten Kamin noch tapfer ein Türmchen.

Beschleicht euch das Gefühl, aus den dunklen Zimmern hinter den hohlen Fenstern beobachtet zu werden? War da ein Geräusch? Auf dem Dach eines verrotteten Wandelgangs liegen Scherben, Steine und ein Stuhl. Im Innenhof herrscht Chaos: Stofftiere, die sich langsam zersetzen, zersplitterte Schränke, zerfetzte Sessel, zerschlagene Elektrogeräte. Dazwischen glänzen Glasscherben. Überall sind Scheiben eingeschlagen. Was noch steht, ist mit Graffiti übersät. Wendet euch langsam von dem bedrückenden Gelände der Charlottenhöhe ab und folgt der roten Raute auf den Mittelweg Richtung „Calmbach" bis zur Bushaltestelle „Lindenplatz". Von dort fahrt ihr zur Haltestelle „Engelsbrand Betriebshof Eberhard" und seid wieder am Wanderparkplatz.

Das Hauptgebäude scheint aus zersplitterten Augen zu starren.

TIPP
Mehr Informationen über die Charlottenhöhe, von der Geschichte bis zu den Behandlungsmethoden findet ihr unter: https://sanatorium-charlottenhoehe.de

03

Zur Burg Alt-Eberstein, Wolfsschlucht und Teufelskanzel

Von der Burg Alt-Eberstein, in der eine Markgräfin 40 Jahre gefangen gehalten wurde, wandert ihr durch die unheimliche Wolfsschlucht zu einem Aussichtspunkt, den schon der Teufel für eine Predigt genutzt haben soll.

AM WALDPARKPLATZ unterhalb der Burg Alt-Eberstein in Baden-Baden wagt ihr euch in ein dunkles Loch im Dickicht und folgt geduckt dem schmalen, zugewachsenen Pfad. Ein schiefes Holzgeländer führt euch bergauf zwischen riesige Brocken dunklen Vulkangesteins. Bald taucht auf der linken Seite die Burgmauer auf. Geht daran entlang und biegt in die Vorburg ein. Vor euch ragt die Schildmauer aus dickem, rötlichen Stein in die Höhe. Die überwucherte Ruine der BURG ALT-EBERSTEIN hat eine wildromantische Aura, aber eine tragische Geschichte. Markgräfin Agnes von Baden wurde hier von 1434 bis zu ihrem Tod im Jahr 1473 vom eigenen Bruder gefangen gehalten, weil sie sich seinen Heiratsplänen für sie widersetzte. Die Unglückliche erblindete während der Gefangenschaft. Den Blick vom Bergfried konnte sie nicht bis ans Lebensende genießen.

Verlasst die Ruine auf demselben Weg und haltet euch links Richtung „Wolfsschluchthütte". Der Waldweg führt bergab an einem steilen Abhang entlang. Neben euch klammern sich Bäume an moos- und farnüberwucherte Felsen. Je weiter ihr wandert, desto dichter wird der dunkle Wald mit seinen eng stehenden Fichten und Stechpalmen. Überall raschelt es, Raubvögel fliegen schreiend davon. Bald taucht die WOLFSSCHLUCHT-HÜTTE auf, vor der ihr Rast machen könnt. Gegenüber der Hütte versteckt sich ein Felsen mit einer dunklen Höhle.

HIN & ZURÜCK
Wanderparkplatz Burg Alt-Eberstein; Bushaltestelle „Michaelskapelle", von dort 10 Minuten zu Fuß
- Halbtagestour
- Rundwanderung
- Länge 7,4 km
- rauf 255 m, runter 255 m

Geht an der Wolfsschluchthütte links Richtung „Luisenbrunnen" und folgt nach 30 Metern der blauen Raute scharf rechts auf einen verwurzelten Pfad entlang wilder Brombeersträucher und Farnwedel durchs Unterholz. An der Trinkwasserquelle Friedrich-Luisen-Brunnen haltet ihr euch bergauf Richtung „Verbrannter Felsen". Nach 300 Metern und einer scharfen Rechtskurve überquert ihr den Wolfsschluchtweg und folgt weiter dem Pfad. Nach 300 Metern haltet ihr euch rechts und geht kurz sehr steil bergauf zur Lukas-Hütte. Blickt von der Hütte über das Murgtal und auf den VERBRANNTEN FELSEN, der mit bis zu 280 Millionen Jahren zu den ältesten sichtbaren Sedimentgesteinen Baden-Württembergs gehört. Wer sich traut, kann auf eigene Gefahr auf den Felssporn mit dem Gipfelkreuz klettern.

Geht den Pfad wieder zurück, haltet euch bergab Richtung „Wolfsschlucht" und quert zum zweiten Mal den Wolfsschluchtweg. Nach 120 Metern taucht eine dunkle Felsformation auf, über die ein Rinnsal träufelt. Algen haben sich gebildet, der Stein sieht glitschig aus. Geht daran entlang und betretet die WOLFSSCHLUCHT. Düstere Legenden ranken sich um diesen Ort.

„Kommst du einmal der Wolfsschlucht nah, dann, Wanderer, nimm dich in Acht! Unheimliche Wesen nur treiben sich da, im düsteren Schleier der Nacht", warnt der Dichter August Schnezler (Schnezler 1846 I: 279–282). Hexen sollen Wandernden hier einen betörenden Trank anbieten. Wer ihn annimmt, gehört mit Leib und Seele dem Teufel.

Ihr geht über feuchten Boden, um euch herum sammelt sich Schlamm zwischen dicken Steinen. Überquert die Holzbrücke und geht auf den nächsten düsteren Felsen zu. Steigt weiter bergauf, vorbei an überwucherten Felsen und Bäumen mit dicken, moosbewachsenen Wurzeln, bis zum Hotel Wolfsschlucht. Überquert die Rotenbach-

Hexen sollen Wanderern hier einen betörenden Trank anbieten. Wer ihn annimmt, gehört mit Leib und Seele dem Teufel.

Raben kräch-
zen in den
Bäumen, ein
kalter Wind
weht aus dem
Tal hinauf.

ÜBERNACHTUNG
Auf Alt-Eberstein gibt es
ein AirBnB: www.airbnb.de/
rooms/32456718

talstraße und haltet euch Richtung TEUFELSKANZEL.
Ihr erreicht den unheimlichen Aussichtspunkt
nach 100 Metern. Raben krächzen in den Bäumen, ein kalter Wind weht aus dem Tal hinauf.
Einer Sage nach soll der Teufel durch die heißen
Quellen Baden-Badens aus den Feuern der Hölle
emporgestiegen sein.

Hoch über dem Ort, genau wo ihr jetzt steht,
soll er vor Rittern und Bauern die Herrlichkeit
seines Höllenreichs gepriesen haben. Satan hatte
seine Worte so listig gewählt, dass sich bald jeder
wünschte, ihm zu folgen. Da soll auf dem gegen-
überliegenden Felsen ein Engel erschienen sein
und zu den Menschen gesprochen haben. Sie
stimmten einen Bußgesang an und verließen den
Teufel. Der wütete im Wald, riss die Erde auf und
raste zurück in den Abgrund.

Zur ENGELSKANZEL führt nun euer Weg. Geht
über die Rotenbachtalstraße zurück und folgt
einem steinigen Weg Richtung Engelskanzel.
Wenn ihr euch nach 100 Metern rechts haltet, erreicht ihr sie bald. Hinter dem riesigen Steinkreuz
könnt ihr auf einen Felsvorsprung gehen und auf
Höhe der Baumkronen über Baden-Baden und
seine Berge blicken.

Folgt von der Engelskanzel aus dem Ebersteinburg-Rundweg durch die mächtigen Felsen
des Battert, biegt nach einem Kilometer rechts
auf den Badner Weg ab und überquert nach 400
Metern einen Parkplatz am Ortsrand. Dahinter
folgt ihr einem fast zugewachsenen Pfad geradeaus wieder in den Wald, geht dann rechts über
einen Wiesenweg und bei der Alfons Benz Eiche
vor einem kleinen Parkplatz links bergab. Bald
seht ihr rechts wieder die Burg Alt-Eberstein,
durchquert den Ort über die Hilsbrunnenstraße
und Antoniusgasse, folgt dann rechts der Rosen-
straße und biegt links in die Zimmerhardtstraße.
Sie führt euch über den Panoramaweg zurück
zum Parkplatz.

#04

Die Schlossruine Hohenbaden und der Battert

Grausige Mythen ranken sich um diese Ruine. Besucht ihre unheimlichen Schauplätze, erklettert schroffe Felsen und blickt in tiefe Abgründe.

IM WALD hoch über Baden-Baden thront seit fast tausend Jahren das mächtige ALTE SCHLOSS HOHENBADEN. 500 Jahre lang war es das Herrschaftszentrum der Markgrafen von Baden, doch als es im 16. Jahrhundert in Flammen aufging, hatten sie ihrem Stammsitz längst den Rücken gekehrt. Inzwischen ranken sich schaurige Mythen um die Ruine.

Wer selbst das Alte Schloss heimsuchen will, muss sich zu Fuß rund 40 Minuten lang den Westhang des Berges Battert hinaufkämpfen, dessen starkes Gefälle Hohenbaden uneinnehmbar machte. Oder ihr fahrt in einer Feuerkutsche. Im Schloss gibt es ein Restaurant und eine Terrasse mit Kiosk, die Strecke bietet aber auch Plätze für ein Picknick. Die Höhenunterschiede innerhalb der gewaltigen Burganlage eröffnen immer neue Blicke auf verfallene Mauern, rissige Treppen, verwunschene Winkel und auf die Rheinebene bis hin zu den Vogesen. Hohenbaden wurde im 11. Jahrhundert als Hangburg errichtet und bis ins 15. Jahrhundert zu einem Schloss mit mehr als 100 Räumen ausgebaut. Im halb zerstörten Rittersaal an der Südseite erzeugt eine vier Meter hohe Windharfe gespenstische Klänge.

Noch unheimlicher wird es, wenn man auf den Bergfried steigt und erfährt, dass in Sturmnächten die graue Frau suchend durch die leeren Hallen Hohenbadens irren und mit heiserer Stimme nach ihrem Sohn rufen soll. Der Legende

HIN & ZURÜCK
Parkplatz Altes Schloss; 40 Gehminuten von der Haltestelle „Engel/Höhenblick"
- Halbtagestour
- Rundwanderung
- Länge 6,4 km
- hoch 307 m, runter 307 m

nach ist die graue Frau der Geist einer grausamen Markgräfin. Sie hatte das Kleinkind über die Brüstung des Burgturms gehalten, um ihm das Reich zu zeigen, das es unterjochen solle. Dabei war ihr das Kind aus den Händen geglitten und in die Tiefe gestürzt.

Im halb zerstörten Rittersaal an der Südseite erzeugt eine vier Meter hohe Windharfe gespenstische Klänge.

Die Rundwanderung um den Battert beginnt am oberen Tor der Schlossruine. Dort biegt ihr rechts ab und folgt nach 40 Metern einem Trampelpfad steil bergauf, vorbei an riesigen Felsblöcken und Baumwurzeln, über verfallene Steintreppen und Geröll. Baumstämme versperren immer wieder den Pfad und schon bald taucht das erste Wanderziel wie ein drohender Wachturm vor euch auf: der Aussichtspunkt RITTERPLATTE auf seinem steilen Felsvorsprung. Geht nicht direkt darauf zu, sondern folgt dem Weg im Zickzack, bis ihr oben ankommt. Von der Ritterplatte habt ihr einen Blick über Baden-Baden und den Merkur bis zur Hornisgrinde. Es weht ein kalter Wind, doch der Ort lässt euch aus ganz anderen Gründen schaudern: Erst hier wird ersichtlich, wie tief der Sohn der grauen Frau gestürzt sein soll.

Folgt nun dem Pfeil „auf die Felsen", der selbst auf einen Felsen gemalt ist, bergauf. Nach 300 Metern erreicht ihr den Abzweig zur Felsenbrücke. Eine schmale Steintreppe führt steil bergan. Während ihr euch an knorrigen Baumgestalten vorbeizwängt, erzeugen die bizarren Felsformen des dunklen Vulkangesteins eine unheimliche Atmosphäre. Ob hinter den dunklen, moosüberwucherten Felsriesen etwas lauert? Auf der hölzernen Brücke überwindet ihr dann den tiefen Abgrund zwischen zwei Felsen. Euer Mut wird mit einem atemberaubenden Ausblick belohnt.

Geht zurück und folgt nach 100 Metern dem rechten Weg zwischen Stechpalmen leicht bergauf. Jetzt wird die Wanderung erst richtig abenteuerlich, denn sie führt über den Oberen Felsenweg zur FELSENTREPPE. Ihr klettert entlang einer rauen Steilwand durch ein abschüssiges Felsenmeer – Achtung, Sturzgefahr!

Am Ende der Felsentreppe beginnt der Untere Felsenweg. Folgt ihm nach Osten. Links von euch ragen die riesigen, bedrohlichen Felsen auf. Biegt nach 100 Metern auf den Einsiedlerpfad ab. Hier braucht es gutes Durchhaltevermögen, denn es muss teils auf Händen und Knien durch Felsspalten und über große Felsbrocken geklettert werden. Zwischen den dunklen, moosigen Felsriesen, dem Geröll und giftigen Fingerhut fühlt man sich wie in einer anderen Welt.

Vom Einsiedlerpfad kommt ihr wieder auf den Unteren Felsenweg. Nach 300 Metern, in Sichtweite der Batterthütte, folgt ihr dem Ebersteinburg-Rundweg nach links, wieder steil bergauf, über viele dicke Steine und Wurzelwerk. Verrottendes Holz färbt den Boden rot. Nach 500 Metern erreicht ihr die HÜTTE DER BERGWACHT, die links am Hang liegt. Hier könnt ihr auf den Felsen der Falkenwand direkt am Abgrund eine Pause einlegen und über den dichten Schwarzwald blicken.

Wählt, die Hütte der Bergwacht im Rücken, den mittleren Weg durch dichten Mischwald. Nach 100 Metern führt der Obere Battertweg nach rechts bergab. Umgeben von dichtem schwarzem Nadelwald tauchen kleine Lichtungen aus Farn und giftigem Fingerhut auf. 500 Meter weiter, vor einer Kurve mit einer Bank, folgt ihr einem unauffälligen erdigen Pfad nach links in den Bannwald. Als Bannwald bezeichnet man in Baden-Württemberg ein Waldstück, das unter besonderem Schutz steht und nicht forstwirtschaftlich genutzt wird. So soll sich der Bereich zum Urwald zurückentwickeln.

Nach wenigen Metern erreicht ihr eine Steintreppe, die zwischen riesigen, dunklen Felsplatten hindurch steil bergab führt. Nach 100 Metern

Verrottendes Holz färbt den Boden rot. Der Wald an den Seiten wird zu einem dichten Dschungel aus Fichten und Stechpalmen.

Mit seiner halb verwitterten Inschrift erinnert das Kreuz bis heute an Burkart Keller.

speit der Bannwald euch überraschend wieder aus. Nehmt den breiteren erdigen Bienenwaldweg nach links. Die düsteren Felsen des BATTERT tauchen immer wieder aus dem tiefen Dickicht am Wegesrand auf, bevor ihr das Schloss Hohenbaden wieder erreicht. Einen Kilometer unterhalb wartet ein unheimliches Steinkreuz – das KELLERSKREUZ. Es stammt aus dem 15. Jahrhundert. Zu dieser Zeit war Hohenbaden Witwensitz der Markgräfin Katharina. Teil ihres Gefolges war der junge Ritter Burkart Keller.

Eines Nachts soll er mitten im Wald eine Frauengestalt bemerkt haben, die in einen Schleier gehüllt war, und sich plötzlich in Nebel auflöste. Keller hielt die Erscheinung für ein Produkt seiner Fantasie, doch alles wiederholte sich in der nächsten Nacht. Vom Burgkastellan erfuhr er, dass an der fraglichen Stelle ein keltischer Altar gestanden hatte, der den Nymphen des Waldes gewidmet war. Der junge Ritter ließ an der Stelle graben. Tatsächlich wurden ein Altar und die Marmorbüste einer Nymphe freigelegt. Burkart Keller verliebte sich in ihr Antlitz und ging darum trotz der Warnung in der nächsten Nacht wieder an den unheimlichen Ort. Ein neugieriger Knecht beobachtete heimlich, wie Keller die geisterhafte Frauengestalt umarmte und küsste. Am nächsten Tag fand man die Leiche des Ritters in der Nähe des Keltenaltars. Sein Bruder ließ den Altar zerstören und am Fundort das steinerne Kellerskreuz errichten. Mit seiner halb verwitterten Inschrift erinnert das Kreuz bis heute an Burkart Keller.

Folgt vom Alten Schlossweg aus dem Kellerskreuzweg nach rechts. Steil bergab wandert ihr an den Überresten einer Keltenmauer zurück zur Schlossruine. Die Mauer liegt teils unterirdisch, ist aber trotzdem erkennbar: Wasser sammelt sich an den alten Steinen, sodass oberirdisch Moos in einem auffälligen Streifen wächst.

#05

Durch die Teufels-
kammern auf die
Teufelsmühle

Das Wanderheim auf dem Gipfel der Teufelsmühle soll aus Steinen einer Mühle erbaut sein, die vom Teufel selbst errichtet wurde. Am Weg liegen bizarre Felsen, die Satan als Vorratskammer und Schlafplatz gedient haben sollen.

STARTPUNKT ist der kleine Parkplatz am Bocksteinweg Loffenau. Am Hang des Bergs Teufelsmühle seht ihr schon den dichten, dunklen Nadelwald, in den der Weg führt. Nach 350 Metern taucht links ein massiver Felssporn zwischen den Bäumen auf, an seinen Flanken dichtes Geröll: der Bocksteinfelsen. Umrundet ihn auf dem Bocksteinweg, der zwischen Stechpalmen, dürren Birken und Brennnesseln bergauf führt.

Bald sieht man bereits die ersten FELSBLÖCKE, die im Wald verstreut liegen. Der Sage nach waren sie Teil einer gewaltigen Mühle. Satan soll einem Müller angeboten haben, ihm die perfekte Mühle auf dem Berggipfel zu bauen, wenn er ihm dafür seine Seele überschreibe. Der Müller forderte zusätzlich vierzig sorgenfreie Lebensjahre und dass die Mühle bis zum ersten Hahnenschrei des nächsten Tages fertig sei. Bei der Begutachtung der fertiggestellten Mühle bemerkte der Müller, dass dem Gebäude ein wichtiger Stein fehlte. Satan brachte den passenden Stein, doch bevor er ihn einfügen konnte, krähte in Loffenau der Hahn. Der Teufel hatte die Wette verloren und zerstörte aus Wut die Mühle.

Ein kalter Wind weht am Hang. Nach 900 Metern führt ein schmaler Pfad nach links zum Aussichtspunkt BOCKSTEINFELSEN. Von dort bietet sich euch ein Blick von Loffenau, Gernsbach und Gaggenau im Schwarzwald bis in die Vogesen. Nicht weit entfernt seht ihr den düsteren Turm

HIN & ZURÜCK
Parkplatz am Bocksteinweg Loffenau; 15 Minuten Gehzeit von der Haltestelle „Breitenackerweg"
- Tagestour
- Rundwanderung
- Länge 8,6 km
- hoch 494 m, runter 494 m

auf der Teufelsmühle. Der Teufel auf dem Dach lässt sich von hier nur erahnen.

Zurück auf dem Bocksteinweg führt euch nach 100 Metern der Rißmiesweg Richtung „Großes Loch" und Teufelsmühle durch ein Waldstück mit bizarren Baumgebilden. Verlasst nach 300 Metern den Schotterweg nach rechts Richtung „Großes Loch 0,5 Kilometer, Teufelsmühle zwei Kilometer" und folgt einem fast zugewachsenen Pfad, der sich über Steine und Wurzeln steil bergauf durch dichten Mischwald windet. Wenn die Sonne durchkommt, entsteht unter den Ästen mystisches Zwielicht.

Je näher man den Teufelskammern kommt, desto größer werden die verstreuten Felsbrocken. Nach 500 Metern geht ihr nicht über die Brücke, sondern steil rechts bergauf. Zur Linken liegt das GROSSE LOCH – eine atemberaubende, 200 Millionen Jahre alte Schlucht mit einem Wasserfall.

Wer hier einbiegt und bergab geht, kommt zu

Der Teufel auf dem Dach lässt sich von hier nur erahnen.

den TEUFELSKAMMERN, in denen der Teufel seine Nahrung gelagert haben soll. Die Steinformationen sehen tatsächlich aus wie dunkle Kammern. Doch Vorsicht, Absturz-Gefahr! Die Kammern liegen an einer teuflischen Stelle, die sehr schwer erreichbar ist. Wer dorthin gelangen will, muss sich an einem Sandsteinblock festhalten und am Abhang entlang schieben. Wer kein Risiko eingehen will, kann der blauen Raute weiter folgen, denn die Wege treffen nach weniger als 100 Metern wieder aufeinander.

Klettert hinter den Teufelskammern neben dem kleinen Wasserfall steil aufwärts. Wenn ihr wieder auf den Weg trefft, haltet euch links und geht weiter bergauf. Nach 200 Metern erreicht ihr den Michelsrankweg, wo man sich auf Bänken mit Blick über den Schwarzwald ausruhen kann.

Jetzt müsst ihr bei der Wegwahl höllisch aufpassen. Folgt dem Schotterweg leicht bergab, doch biegt schon nach wenigen Metern rechts in den Wald. Der blauen Raute nach geht der Pfad steil bergan über Gestrüpp, Steine und Geröll.

Wenn der Anstieg gerade so anstrengend ist, dass ihr den Teufel verflucht, erreicht ihr den Grenzrundweg, einen birkengesäumten Schotterweg, der euch leichten Schrittes rechts Richtung Teufelsmühle führt. Nach 500 Metern endet er auf dem Parkplatz an der Heinz-Deininger-Sternwarte. Wählt den zweiten Weg von rechts Richtung Teufelsmühle. Er quert zweimal die Straße. Dann taucht ein dunkler Steinkoloss hinter den Bäumen auf: das Wanderheim TEUFELSMÜHLE mit seinem Aussichtsturm. Hier kann man bei einem grandiosen Fernblick auf Gernsbach, den Battert und die Vogesen Rast machen.

Neben dem Gedenkstein zur Verabschiedung der Bürgermeister von Loffenau und Gernsbach im Jahr 2017, der die Aufschrift „Bürgermeister Blick" trägt, folgt ihr schließlich dem Pfad wieder bergab Richtung Loffenau. Unmittelbar vor einem flachen, fünf Meter langen und gut einem Meter dicken Sandstein geht ihr rechts bergab auf einen schmalen Waldweg. An den Seiten des Steins sieht man, dass er aus unzähligen Gesteinsschichten besteht, die vage an die Falten eines Kissens erinnern. Ihr habt das TEUFELSBETT erreicht.

Nach 200 Metern eröffnet sich ein Startplatz des Drachenfliegerclubs „Teufelsflieger". Wenn ihr Glück habt, könnt ihr vielleicht einen Drachenflieger in der Luft entdecken. Haltet euch links und geht über einen langen, flachen Stein weiter bergab. Hier beginnt der treffend benannte Zick-Zack-Pfad. Zwischen dürren Birken und riesigen, termitenstichigen Wurzeln zickt und zackt er sich bergab, teils durch schulterhohen Adlerfarn.

Nach 500 Metern öffnet sich erneut eine Wiese mit Aussicht, doch der Weg führt direkt scharf links wieder in den Wald. Hier fallen wieder die großen Steinquader auf, bei denen es sich der Legende nach um Überreste der Teufelsmühle handelt. Noch einmal 200 Meter Zick-Zack, dann geht es geradeaus steil bergab. Ihr erreicht eine Kreuzung und folgt dem zweiten Weg von rechts, dem Dachsfelsenweg. Seine Windungen leiten euch weiter talwärts.

Nach 1,8 Kilometern erreicht ihr mit dem DACHSFELSEN den letzten Höhepunkt der Wanderung. Seine rissigen Sandsteinzinnen bilden eine raue Felslandschaft, die von Moosen in verschiedenen Grüntönen gefärbt wird und aus dichter Vegetation hervorsticht. Nach einer scharfen Kurve folgt ihr dem Weg zum Dachsfelsen. Immer wieder hört ihr einen Bach rauschen. Nach 1,3 Kilometern biegt ihr links ab nach Loffenau, passiert das Restaurant Reiterstüble und geht von dort nach rechts über Rheinblick, Bergstraße und Bocksteinweg zurück zum Parkplatz am Bocksteinweg.

> Zwischen dürren Birken und riesigen, termitenstichigen Wurzeln zickt und zackt er sich bergab.

ÜBERNACHTUNG
Wer möchte, kann im Wanderheim Teufelsmühle übernachten oder im Höhengasthaus einkehren. www.teufelsmuehle-schwarzwald.de

06

Vom Hohlohturm
über den Toten Mann
zum Rombachhof

Vom archaischen Hohlohturm wandert ihr zur Schutzhütte am Toten Mann. Ihr besucht einen Schwarzwaldhof, wo ein Massenmord stattfand, der bis heute ungeklärt ist, und geht über Holzbohlen durch ein mehr als 10.000 Jahre altes Hochmoor.

VOM WANDERPARKPLATZ C seht ihr schon den archaisch anmutenden HOHLOHTURM auf dem Gipfel. Ihr folgt dem Weg durch dichten Nadelwald zum Turm, der nahe am Steilhang steht. Steigt 158 Stufen hinauf und verschafft euch aus 1012 Höhenmetern einen eindrucksvollen Überblick über das Hohlohmiss und den Schwarzwald, bevor ihr weiterwandert.

Folgt dann der rot-weißen Raute Richtung „Toter Mann" auf einen schmalen steinigen Pfad und nach 200 Metern weiter auf die Alte Weinstraße. Wilde Heidelbeersträucher wachsen massenhaft auf dem sauren Boden. Der Wald am Weg wird bald undurchdringlich und düster.

Nach 1,9 Kilometern führt euch die Raute nach rechts auf einen Pfad durch die verwunschene Landschaft des HOCHMOORS. Torfmoos wuchert am Boden, auf Baumstümpfen und umgestürzten Stämmen. Hohe Sträucher kratzen an euren Waden, ihr duckt euch unter Ästen. Graue, von Flechten überwucherte Baumskelette greifen aus dunklem Heidekraut. Doch der Blick bleibt nach unten gerichtet, denn der Pfad ist fast durchgehend von knorrigen Wurzeln durchzogen und mit Geröll bedeckt. Nach anstrengenden sechs Kilometern erreicht ihr den Hügel „TOTER MANN". An der Schutzhütte lest ihr auf einer Tafel die möglichen Erklärungen für diesen unheimlichen Namen. Man sagt, an der Stelle sei einst die Leiche eines Erfrorenen gefunden worden. Aller-

HIN & ZURÜCK
Wanderparkplatz C, Gernsbach Kaltenbronn; Bus 242, Haltestelle „Schwarzmisshütte" (nur Mi. bis So., 3x täglich)
- Tagestour
- Rundwanderung
- Länge 16,9 km
- hoch 365 m, runter 365 m

dings nennen auch Bergmänner eine ertraglose Mine „toter Mann". Es könnte also auch ein vergeblicher Versuch, Eisenerz zu fördern, hinter dem Namen stecken.

Vom „Toten Mann" haltet ihr euch Richtung „Rombach" und am nächsten Abzweig Richtung „Bad Wildbad". Die gelbe Raute führt euch nach knapp 100 Metern bergab auf einen Pfad, der von Reifen zerfurcht wurde. Der Pfad ist wild, uneben und mit Totholz übersät, als hätte hier gerade ein Sturm getobt. Unerwartet liegt ein riesiger Baum quer über dem Pfad und ihr müsst euch durch seine Äste kämpfen.

Nach 500 Metern folgt ihr der gelben Raute auf einen sehr schmalen Pfad, der euch unmittelbar am steilen Hang bergab führt. Vorsichtig schiebt ihr euch zwischen dunklen Fichten hindurch, die über den Pfad wachsen wollen. Den Blick auf den steilen Abhang gerichtet, klettert ihr voran. Schlaffes Gras hängt von rissigen Felsen, Nadelbäume ragen hoch über euch auf. Nach 700 Metern endet der Pfad auf einem breiten Schotterweg, der sich bergab windet.

Nach weiteren 700 Metern erreicht ihr die Hirschbrunnenhütte am Eingang zum Rohnbachtal. Biegt hier rechts in den asphaltierten Rohnbachtalweg, der euch am Rombach entlangführt. Bald taucht am anderen Ufer der ROMBACHHOF auf. Ihr erreicht ihn über die Brücke 100 Meter bachabwärts. Nur ein unauffälliger Gedenkstein erinnert an die grauenhaften Ereignisse, die sich in der Nacht zum 26. April 1945 auf diesem scheinbar friedlichen Schwarzwaldhof zugetragen haben.

In der Endphase des Zweiten Weltkriegs wurden der hier lebende Förster Max Schultheiß und sein ältester Sohn Erich von französischen Truppen gefangen genommen. Elf Tage später fand eine Erntehelferin im Haus zehn Leichen, vom vier Monate alten Baby bis zum 65-jährigen

Nur ein unauffälliger Gedenkstein erinnert an die grauenhaften Ereignisse.

Baumskelette krallen sich an die Böschung, bedeckt von dem, was einmal ihre Äste waren.

Großvater. Sämtliche Familienmitglieder des Försters schienen „einem brutalen Mordwahn" zum Opfer gefallen zu sein, heißt es später in einem True Crime Buch (vgl. Umendorfer/Rieckhoff 2008). Der Massenmord vom Rombachhof wurde bis heute nicht aufgeklärt. Lasst die Atmosphäre des Ortes auf euch wirken und folgt dann dem Schotterweg parallel zum Rombach bergauf.

Der Bach stürzt über Staustufen und grünalgige Steine, vorbei an verfallenden Mauerresten. Biegt nach 700 Metern scharf links ab, überquert ihn zweimal, und folgt dann dem Schultheissweg rechts bergauf in den Wald. Lasst nach rund zwei Kilometern eine Steinbrücke über den Bach links liegen und folgt dem Weg weiter bergauf. Das ROTE ROMBACHWASSER bildet Becken, die an verdünntes Blut erinnern.

Geht weiter bergan, bis ihr die Hochebene wieder erreicht und haltet euch an der nächsten Kreuzung halbrechts Richtung Bad Wildbad. An den Seiten des breiten Schotterwegs greifen tote Wurzeln aus dem Boden. Baumskelette krallen sich an die Böschung, bedeckt von dem, was einmal ihre Äste waren, jetzt aber langsam zu Torf zerfällt. Nach knapp zwei Kilometern führt euch ein steiniger Weg links in den Wald, zurück Richtung Hohlohturm. Dann erreicht ihr einen Bohlenweg.

Vor euch öffnet sich die karge Schönheit des großen HOHLOHSEES. Am Ufer des mehr als 10.000 Jahre alten schwarzen Moorsees stehen graue, von Flechten überwucherte Gehölze im gefährlichen Schwingrasen. In dieser sauren, nährstoffarmen Umgebung wächst auch der rundblättrige Sonnentau, der Insekten fängt und verdaut. Wandert über die Bohlen am Ufer durch den Moorwald aus fahlen Birken und knorrigen Moorkiefern. Der Bohlenweg entlässt euch knapp 200 Meter vor dem Hohlohturm. Von dort geht ihr die letzten Meter zurück zum Parkplatz.

07

Nachtwanderung
durch das Wildseemoor

Ihr durchwandert das größte Hochmoor des Schwarzwalds bei Nacht. Sein Schmatzen durchbricht die Totenstille, während das Licht eurer Taschenlampe knorrige Baumskelette zum Leben erwachen lässt.

SCHON DIE ANFAHRT durch tiefen Wald und raue Felsen bei Sonnenuntergang kann für Gänsehaut sorgen. Beim Aussteigen am Wanderparkplatz F in Kaltenbronn hört ihr bereits unheimliche Geräusche. Wenn ihr dann zu Fuß das drei Hektar große Areal des ROTWILDGEHEGES passiert, könnt ihr die Verursacher schemenhaft im Dunkel erkennen und auch ihr werdet aus vielen Augen aufmerksam beobachtet.

Geht jetzt geradeaus in die immer tiefer werdende Finsternis. Bald hört ihr nur noch den eigenen Atem und das Knirschen eurer Schuhe auf dem Schotterweg. Die Frage, was sich im pechschwarzen Wald zu beiden Seiten verbirgt, ist alles andere als beruhigend. Mit der Taschenlampe hineinzuleuchten, verstärkt das beklemmende Gefühl nur, denn das Licht verdichtet die Schatten und wird dann verschluckt. Doch dieser Teil der Strecke ist nichts im Vergleich zu dem schwarzen, tödlichen Moor, das ihr bald durchqueren werdet.

HIN & ZURÜCK
Wanderparkplatz F Kaltenbronn
- Nachtwanderung
- Rundwanderung
- Länge 8,4 km
- hoch 120 m, runter 120 m

Nach 1,8 Kilometern verlasst ihr hinter der Leonhardhütte den Schotterweg, um halbrechts auf einen HOLZSTEG abzubiegen. Er führt euch über das größte HOCHMOOR des Schwarzwalds. Verlasst ihn unter keinen Umständen! Zwar ist es ein Mythos, dass Menschen im Moor versinken, doch die Gefahr, dass ihr stecken bleibt und euch nicht mehr befreien könnt, ist sehr hoch. Zudem leben giftige Kreuzottern in diesem Gebiet.

Auf dem Moor ist es deutlich kälter als zuvor. Die Skelette der Bäume, die den Überlebenskampf im sauren Boden verloren haben, sehen im Licht der Taschenlampe wie Spukgestalten aus. Bäume im Moor sind ungewöhnlich. Im 19. Jahrhundert wurde das Wildseemoor entwässert, um Torf als Brennstoff zu stechen. Im trockeneren Boden konnten Bäume wachsen. Heute ist die Gegend ein Naturschutzgebiet und die alten Entwässerungskanäle zerfallen nach und nach. Dadurch staut sich das Wasser wieder und macht den Bäumen zu schaffen.

Hört genau hin, war da ein Knarren hinter euch? Ihr dreht euch um und richtet den Strahl eurer Taschenlampe in die Finsternis, doch der Weg scheint leer. Es ist totenstill um euch herum. Ihr geht weiter. Da ist das Knarren wieder. Noch einmal bleibt ihr stehen. Nichts. Oder war da ein Knacken im Unterholz des Moorwalds?

Ihr folgt dem Holzweg weiter. Immer wieder verwandelt der Lichtstrahl eurer Lampe Bäume und Büsche in groteske Wesen. Bald wird der Steg zu einem BOHLENWEG aus alten Eisenbahnschwellen. Ihr habt den Wildsee erreicht. Wie ein schwarzer Spiegel reflektiert er den Nachthimmel. Widerstandsfähige Moorkiefern bilden seinen düsteren Rahmen. Hier, mitten im größten Waldgebiet Baden-Württembergs, seid ihr von der Zivilisation abgeschnitten, denn selbst Handyempfang habt ihr nur stellenweise. Folgt dem Bohlenweg weiter, bis er abrupt im Bannwald endet.

Ein Pfad führt euch durch grau-groteske Baumgerippe und dunkles Gehölz. Leise gluckert das Rotwasser in seinem acht Meter tiefen, eiszeitlichen Torfgrab. Folgt dem breiten Schotterweg nach links. Hinter wildem, stacheligem Gestrüpp heben sich Tannen und Fichten schwarz vom Himmel ab. Sie scheinen selbst das Licht eines tief stehenden Vollmondes zu verschlingen. Je später die Stunde, desto dunkler die Nacht. Bald

Es ist totenstill um euch herum. Ihr geht weiter. Da ist das Knarren wieder.

ACHTUNG
Der Wildsee liegt auf 909 Metern Höhe, darum wird es gerade nachts oft kälter als man erwartet.

ist eure Taschenlampe bitter nötig, damit ihr den Weg noch findet. Nach 400 Metern klafft rechts eine Lücke in der Vegetation. Seid mutig, traut euch hinein. Ein kurzer Trampelpfad führt über spitze Felsen und knorrige Wurzeln zur KALTEN-BRONNER JÄGERSCHAUKEL. Blickt von hier über den scheinbar unendlichen Schwarzwald Richtung Dobel. Am Horizont brennen rote Leuchtfeuer.

Folgt dem Schotterweg weiter durch den Wald. Achtet darauf, wie die Luft kälter und wärmer wird, wenn der Wald an den Weg kommt oder sich zurückzieht. Nach 2,6 Kilometern verlasst ihr den Schotterweg und folgt einem Waldweg 100 Meter geradeaus. Wenn er wieder breiter wird, liegt bald links eine dreieckige Lichtung. Rechts fällt das Mondlicht auf die einsame Saatschulhütte und den Gedenkstein für den 2018 verstorbenen Förster. Schnell geht ihr weiter, bis ihr nach 1,3 Kilometern wieder das Wildgehege erreicht. Dahinter wartet euer sicheres Fahrzeug.

Wie ein schwarzer Spiegel reflektiert er den Nachthimmel.

Zwei Klöster, die Bruderhöhle und die Wolfsschlucht

In einer der ältesten Kirchen des Schwarzwalds besucht ihr die Gebeine ihres Schutzheiligen. Ihr besichtigt die verlassene Höhle eines Einsiedlers, durchklettert die wilde Wolfsschlucht und genießt die urwüchsige Fuchsklinge.

HIN & ZURÜCK
Kostenloses Parken ist auf dem Parkplatz beim Kurpark möglich; 5 Gehminuten vom Bahnhof Hirsau
• Tagestour
• Rundwanderung
• Länge 12,1 km
• hoch 476 m, runter 476 m

DIE WANDERUNG beginnt an der AURELIUS-KIRCHE in Calw Hirsau. Der Hauch einer mehr als tausendjährigen Geschichte umweht das unscheinbare Gebäude, denn bereits um das Jahr 765 befand sich hier mit der Nazariuskapelle das erste christliche Gotteshaus im Nordschwarzwald. Um 830 wurden die Gebeine des Heiligen Aurelius von Mailand nach Hirsau überführt und im neu errichteten Kloster St. Aurelius verehrt. Doch um das Jahr 1000 war das Kloster verfallen, die Gebeine verschollen. Darum befahl Papst Leo IX., die Gebeine des Heiligen zu suchen und das Kloster wieder aufzubauen.

Heute sind von diesem „Neubau" des Aureliusklosters nur noch Teile der Kirche erhalten. Durch die kleinen Fenster dringt nur wenig Licht. Es ist kalt. Doch das schlichte Innere der uralten Kirche ist ehrfurchtgebietend, besonders, da die Gebeine des Heiligen Aurelius wieder in einem Schrein an der Ostwand ruhen. Unter Abt Wilhelm von Hirsau entwickelte sich St. Aurelius schnell zum Machtzentrum der Klosterreform, die in einer Rückbesinnung auf christliche Werte wie Askese und Disziplin bestand. St. Aurelius wurde zu klein und der Abt veranlasste im Jahr 1082 den Bau der Abtei St. Peter und Paul mit einer dreischiffigen Basilika als Klosterkirche.

Macht euch auf den Weg dorthin. Folgt dazu vom Aureliusplatz der B 296 nach links über die Nagoldbrücke, überquert am Kreisverkehr die

Sein Figurenfries zeigt Raubkatzen, die euch zähnefletschend entgegenblicken.

TIPP
Mehr Informationen zur Geschichte von Hirsau unter www.klosterhirsau.de.

Straße und geht weiter, bis ihr nach 300 Metern ein mehrstöckiges Fachwerkhaus erreicht. Es ist der untere Torbau im Süden des Klosters. Ihr durchschreitet ihn und passiert nach 40 Metern den Torturm eines Jagdschlosses aus dem 16. Jahrhundert. Durchquert nach weiteren 40 Metern den ehemaligen Kreuzgang und lasst das Portal der gotischen Marienkapelle aus demselben Jahrhundert hinter euch zurück.

So gelangt ihr in die RUINE DER KLOSTERKIRCHE von St. Peter und Paul. Im Jahr 1692 gingen Kloster und Schloss während einer Belagerung durch französische Truppen in Flammen auf. Wo heute das Holzkreuz steht, befand sich früher der Altar. Die Basilika war 70 Meter lang und reichte bis zu dem roten Sandsteinturm, der im Nordwesten hoch aufragt. Geht über den ehemaligen Mönchsfriedhof dorthin. Der sogenannte EULENTURM war einer von zwei Glockentürmen und überstand die französische Belagerung, da er als Gefängnis unentbehrlich schien. Sein Figurenfries zeigt Raubkatzen, die euch zähnefletschend entgegenblicken, dazwischen Ziegenböcke und bärtige Männer. Man vermutet, dass der Fries das Leben eines Laienbruders, also eines Ordensmitglieds, das nicht zum Priester geweiht wurde, darstellt. Auf der Westseite der junge, zuversichtliche Mann, auf der Nordseite der alte Mann auf Knien liegend am Ende seines Lebens.

Um 1840 hat ein solcher Laienbruder als Einsiedler in einer Höhle nicht weit vom Kloster gelebt. Um dorthin zu gelangen, geht ihr durch den oberen Torbau und biegt nach 50 Metern rechts in die Brudersteige. Haltet euch an der ersten Gabelung links Richtung BRUDERHÖHLE und wandert am Hang des Nagoldtals in den Wald, vorbei an verwitternden Mauerresten unter Efeuranken. Haltet euch an der zweiten Gabelung wieder links. Folgt nach 800 Metern einem Wegweiser über einen Trampelpfad den Hang hinunter. Auf hal-

ber Strecke bemerkt ihr den Kamin des Einsied-
lers. Stufen führen euch hinab zu der dunklen
Sandsteinhöhle. Wie einsam und unheimlich
muss es sein, an diesem Hang mitten im Wald ab-
geschieden von der Zivilisation zu leben. Steigt
den Hang wieder hinauf und nehmt an der nächsten Gabelung den Wiesenweg halbrechts.

So erreicht ihr nach 600 Metern einen Wanderweg, dem ihr bergab folgt. Haltet euch an den
nächsten zwei Gabelungen links und biegt an der
dritten scharf links auf einen Waldweg. Die gelbe
Raute führt euch oberhalb von Ernstmühl entlang, wo ein riesiges Stück Steilwand nach einem
heftigen Erdrutsch mit Beton, Netz und einem
Metallgeländer gesichert werden musste. Geht
nach 700 Metern rechts bergab, kreuzt die B 463
und überquert nach 190 Metern die Brücke über
die Nagold. Haltet euch am anderen Ufer rechts,
biegt nach 200 Metern links in den Kirchweg und
unterquert eine Eisenbahnbrücke. Die WOLFS-
SCHLUCHT ist jetzt ausgeschildert.

Ihr betretet sie nach 600 Metern über eine
Holzbrücke und werdet sofort gewarnt: Durch
die Schlucht führt ein Alpiner Wanderweg, der
nur für trittsichere Wandernde geeignet ist.
Schon müsst ihr abenteuerlich auf Geröll den
Brombach überqueren. Kurz darauf kommt eine
letzte Abzweigung, auf der ihr die Wolfsschlucht
umgehen könnt. Bleibt ihr auf dem Wanderweg,
führt er euch vorbei an toten Baumstämmen, die
zwischen gigantischen Gesteinsbrocken hängen.
Unter Felsvorsprüngen seht ihr kleine Höhlen.
Wurzeln wuchern auf euch zu, als wollten sie
euch greifen. In der wilden Natur könnt ihr
manchmal kaum den Weg vor euch erkennen. Ihr
klettert über Felsen, müsst euch immer wieder an
Wurzeln festhalten und werdet mit beeindruckenden Blicken belohnt, wenn das Wasser über
dunkle Gesteinsschichten spült oder zwischen
grünen Felsen hervorspringt.

> Wie einsam und unheimlich muss es sein, an diesem Hang mitten im Wald zu leben.

Ihr folgt einem Wasserlauf durch ein verwunschenes Tal. Geröll bildet Inseln, von kleinen Wasserfällen umtobt.

Nach 500 Metern, die euch viel länger vorkommen, erreicht ihr einen größeren WASSERFALL, der in ein dunkles Schieferbecken stürzt. Hier klettert ihr rechts steil bergauf, überquert die K 4308 und folgt der gelben Raute auf den Steinweg. Dieser Teil des Weges ist weder anstrengend noch unheimlich – im Gegenteil: Die nächsten zwei Kilometer könnt ihr auf knirschendem Schotter und weicher Erde im saftigen Grün waldbaden. Dann wird der Steinweg zum Ueberzwercherweg und um euch herum hängen viele schwarze Kisten an den Bäumen – es sind FLEDERMAUSKÄSTEN. Bram Stoker und andere Autoren haben den Fledermäusen zwar ein dämonisches Image beschert, doch die nachtaktiven Tiere sind in Deutschland für den Menschen ungefährlich. Nach 1,4 Kilometern endet der Ueberzwercherweg auf einem Pfad. Ihr folgt ihm wenige Meter nach rechts und biegt kurz vor der asphaltierten Straße links auf einen schmalen Weg. Bald seht ihr den Wegweiser zur FUCHSKLINGE, der euch in Serpentinen bergab führt.

Dann wird es wieder wild, denn ihr folgt einem Wasserlauf durch ein verwunschenes Tal. Geröll bildet Inseln, von kleinen Wasserfällen umtobt. Der Tälesbach hat sich teils tief in die Erde gefressen. Durch die hohe Luftfeuchtigkeit sind alle umliegenden Bäume von Moos bewachsen und teils von Efeu umrankt.

Am Ende der Fuchsklinge erwartet euch die gleichnamige Gaststätte, die leider dauerhaft geschlossen ist. Umrundet sie und folgt der asphaltierten Straße knapp 100 Meter bergauf, bevor ihr einen schmalen Trampelpfad scharf links die Böschung hinauf in den Wald wählt. Er endet auf dem Mittleren Ottenbronner Hangweg, dem ihr 336 Meter nach links folgt. Haltet euch dann dreimal links bergab, bis ihr nach knapp 500 Metern die Waldstraße erreicht, die euch zurück nach St. Aurelius führt.

Fledermäuse
in Deutschland

Eine Fledermaus spiegelt sich im
nachtschwarzen Wasser

Fledermäuse sind Geschöpfe der Nacht und können sich selbst im Stockdunkeln orientieren. Lautlos gleiten sie aus ihren Verstecken und gehen auf die Jagd.

Jedes Kind weiß, dass Fledermäuse in unsere Schlafzimmer gleiten, um sich dort in Vampire mit bleichen Gesichtern und schwarzen Umhängen zu verwandeln und unser Blut zu trinken.

Na gut, das ist Fiktion. Die 25 aktuell in Deutschland lebenden Fledermausarten müssen sich eigentlich vor uns Menschen fürchten, denn sie alle sind vom

Eine Bechsteinfledermaus

Fledermäuse sind nachtaktiv

Aussterben bedroht. Wir zerstören ihre Lebensräume, vergiften sie mit Pestiziden und wecken sie auf. Wenn Fledermäuse im Winterschlaf gestört werden, verlieren sie oft so viel Energie, dass sie nicht mehr aufwachen.

Die meisten Fledermäuse in Deutschland sind übrigens kleiner als fünf Zentimeter und saugen mit ihren spitzen Eckzähnen kein Blut, sondern brechen die Panzer von Insekten auf, die ihre einzige Nahrungsquelle sind.

Die nachtaktiven Tiere orientieren sich, indem sie für Menschen nicht wahrnehmbare Ultraschallwellen ausstoßen, die von Objekten reflektiert werden. Fledermäuse fangen diese mit ihren hochspezialisierten Ohren auf und erkennen blitzschnell die Position eines Hindernisses oder Beutetiers.

#09

Lost Places, Wildnis und Wasserfälle im Hochschwarzwald

An der Schwarzwaldhochstraße besucht ihr drei verlassene Luxushotels, die mehr und mehr zu Sinnbildern der Vergänglichkeit werden. Im Nationalpark Schwarzwald und an den Gertelbach-Wasserfällen erlebt ihr Wildnis hautnah.

DIE WANDERUNG beginnt am KURHAUS PLÄTTIG. Nach dessen Eröffnung in den 1880er-Jahren residierten hier adlige Kurgäste wie die Kaiserin Elisabeth von Österreich. 2010 wurde der romantische Schwarzwaldbau geschlossen und der Verfall zog ein. Heute bröckelt überall Farbe ab, Holzschindeln fehlen, Moos wächst am Gebäude. Die Fensterladen leuchten noch rot, doch sie hängen schief und traurig. Über der völlig zugewucherten Terrasse warten verrostete Heizstrahler vergeblich auf fröstelnde Gäste. Die aufwändige Bleiverglasung der Fenster des Restaurants Hubertus Stube lässt erahnen, wie schön alles einmal gewesen sein muss.

Lasst den trostlosen Ort hinter euch und folgt dem Weg bergauf, vorbei an der St. Antonius-Kapelle. Wählt nach 200 Metern den schmalen erdigen WILDNISPFAD, der euch bergab ins Dickicht führt. Wenn ihr schon nach 100 Metern zwei Bachläufe durchquert und über Baumstämme klettert, wird das Motto des Nationalparks Schwarzwald deutlich: „eine Spur wilder". Fällt ein Baum um, bleibt er liegen. Selbst nachdem 1999 der Orkan Lothar gewütet hatte, wurde nicht geräumt. Ganz ohne Eingriff des Menschen soll so ein Urwald entstehen, wie es ihn in Deutschland seit Jahrhunderten nicht gegeben hat. Um Tiere und Pflanzen nicht zu beeinträchtigen, dürfen die Wege nicht verlassen werden. Zersplitterte Bäume sehen aus, als hätte ein Riese

HIN & ZURÜCK
Wanderparkplatz Plättig; Bushaltestelle „Bühlerhöhe/Plättig" (an der B 500) oder „Mehliskopf" (an der Sandstraße)
- Tagestour
- Rundwanderung
- Länge 13,2 km
- hoch 389 m, runter 389 m

sie mit dem kleinen Finger abgeknickt, umgestürzte Stämme mit toten Ästen erinnern an riesige Skelette. Dazwischen und darüber, bergauf und bergab, windet sich der Wildnispfad. Wo es allzu wild wird, helfen Holzleitern. Der Pfad führt am Adlerhorst vorbei, einem hölzernen Nest für Menschen, das in sieben Metern Höhe am Stamm einer Tanne befestigt ist. Nach einem Kilometer erreicht ihr den WOLLSACKFELSEN, einen Moosriesen, der über Metallstufen erklommen werden kann. Folgt von dort dem geschotterten Müllemazenweg bergab, geht nach 800 Metern links am Else-Stolz-Heim vorbei und verlasst den Nationalpark. Folgt der B 500 gut 200 Meter nach rechts und überquert sie am Dr. Fecht Waldheim, wo ein erdiger Weg euch wieder in den Wald leitet. Wenige Meter weiter führt ein Schotterweg Richtung Bühlerhöhe.

"Vielen zur Genesung, einem zum Gedächtnis"

Ihr wandert entlang eines steilen Abhangs. Bald glaubt ihr, links im Wald zwischen dichtem Farn, Brennnesseln und Moos einen lauernden Kobold zu sehen. Nach 1,2 Kilometern führt in einer Kurve eine Steintreppe steil bergauf. Auf Höhe der Baumwipfel liegt ein kleiner Rastplatz mit Blick über das Bühlertal. Folgt dem Schotterweg 600 Meter bergab. Ein Pfad führt scharf links bergauf Richtung Plättig, an einem wilden Bach entlang, der aus Felsen entspringt. Biegt links in die asphaltierte Straße und verlasst sie nach knapp 50 Metern, um auf dem Konrad-Adenauer-Weg die exklusive Max Grundig Klinik zu umrunden. Nach 400 Metern biegt ihr scharf links in einen Waldweg und steht bald vor dem verlassenen SCHLOSSHOTEL BÜHLERHÖHE.

Das glücklose Fünf-Sterne-Hotel thront in 770 Metern Höhe auf einem Bergsporn über dem Rheintal. Seine 90 luxuriösen Zimmer, sein Sterne-Restaurant und die preisgekrönte Spa-Landschaft stehen seit einem Jahrzehnt leer. Das Betreten des Geländes ist verboten.

**Die Fenster-
läden leuchten
noch rot, doch
sie hängen
schief und
traurig.**

Die Bauherrin Hertha Isenbart wollte ihrem 1908 verstorbenen Mann, dem Generalmajor Wilhelm Isenbart, ein Denkmal in Form eines luxuriösen Offiziersgenesungsheims setzen. Über dem festungsähnlichen Torbau liest man darum zwischen Militärsymbolen die Worte: „Vielen zur Genesung, einem zum Gedächtnis". Finanzielle Schwierigkeiten und der Ausbruch des Ersten Weltkriegs verhinderten, dass das Gebäude je dieser Bestimmung zugeführt wurde. Hertha Isenbart beging 1918 Suizid. Die Bühlerhöhe wurde durch private Investoren zum Kurhaus umgestaltet, in den 80ern dann zum Luxushotel. 1991 traf sich hier die Weltelite zur Bilderberg-Konferenz und bis in die 2000er-Jahre waren Persönlichkeiten wie Bill Clinton und Nelson Mandela zu Gast. Doch das Schlosshotel scheint verflucht. Es brachte nie Gewinn ein, wurde 2010 geschlossen und 2013 von einer kasachischen Investmentgruppe erworben.

Geht zurück zum Konrad-Adenauer-Weg und folgt ihm nach links. Nach 40 Metern endet er auf einer Asphaltstraße, die links zur eleganten Zufahrt des Schlosshotels führt. Ihr haltet euch rechts und geht an der Max Grundig Klinik vorbei zurück zum Parkplatz.

Bald glaubt ihr, links im Wald zwischen dichtem Farn, Brennnesseln und Moos einen lauernden Kobold zu sehen.

Wandert nun 250 Meter entlang der B 500 und folgt vom zweiten Parkplatz der gelben Raute rechts bergab auf den PARADIESWEG. Je weiter er führt, desto größer werden die moosbewachsenen Felsriesen. Ihr hört Wasser rauschen. Bald schießt der erste Bachlauf über den Weg ins Tal. Dann bricht ein Wasserfall zwischen Felsbrocken hervor und strömt über ein Felsenmeer. Der Weg unter den hohen Bäumen wird bald überspült. Durchquert den Ort Wiedenfelsen parallel zur Sandstraße, überquert sie am Ortsrand und folgt dem Wegweiser zu den GERTELBACH-WASSERFÄLLEN. Über Steintreppen, Brücken und Pfade geht ihr 700 Meter am tosenden Wasser entlang. Der Hauptfall stürzt 70 Meter in die Tiefe. Seine urtümliche, rohe Kraft ist ehrfurchteinflößend. Zwischen zerklüfteten Felsen durchwandert ihr die wilde, tiefgrüne Natur bis zur Gertelbachhütte.

Geht zurück durch Wiedenfelsen auf den Paradiesweg und haltet euch nach 1,3 Kilometern rechts bergauf Richtung Sand. Ihr passiert verrostete Skilifte und erreicht bald das KURHAUS SAND an der B 500. Es wurde 1891 in Anwesenheit von Großherzog Friedrich von Baden eingeweiht und entwickelte sich schnell zu einem der renommiertesten Kurhotels der Region. Die letzte Inhaberin lebte dort bis zu ihrem Tod im Jahr 2007. Heute sind die Schindeln aufgequollen, das Holz gebleicht und die Fensterladen vergilbt. Das völlig zugewachsene Gelände ist in Privatbesitz und darf nicht betreten werden. Überquert den Parkplatz hinter dem Kurhaus und folgt der Beschilderung zurück zum Kurhaus Plättig.

#10

Vom Edelfrauengrab zur Klosterruine Allerheiligen

Ihr wandert vom Edelfrauengrab zur Ruine des Klosters Allerheiligen, wo jede Nacht der Geist eines gemeinen Mönchs spukt. Zum Abschluss bestaunt ihr ehrfürchtig die Allerheiligen-Wasserfälle.

HIN & ZURÜCK
Wanderparkplatz Edelfrauen-grab-Wasserfälle Ottenhöfen; hin Bahnhof „Ottenhöfen", zurück Bushaltestelle „Aller-heiligen-Wasserfälle" (Natur-erlebnislinie 425)
• Tagestour
• Streckenwanderung
• Länge jeweils 10,7 km
• hoch 593 m, runter 244 m

VOM PARKPLATZ an den Edelfrauengrab-Wasserfällen folgt ihr dem Gottschlägbach in die Schlucht. Links liegt ein trauriger Biergarten, der lange keine Gäste mehr empfangen hat. Er gehört zu dem angrenzenden Lost Place, einem ehemaligen Café, das euch heute aus dunklen, staubigen Fenstern leblos anstarrt. Hinter der ersten Brücke taucht über euch eine Höhle im Fels auf, die ihr über ein paar Stufen erreichen könnt. Der Wasserfall hat sich dicht daneben tief ins Gestein gegraben. Es ist diese Stelle, die den EDELFRAUENGRAB-WASSERFÄLLEN ihren schaurigen Namen verlieh.

Der Sage nach war der Ritter Wolf von Bosenstein mit dem kaiserlichen Heer auf einem Kreuzzug, während seine Frau sich auf der Burg mit ihrem Liebhaber vergnügte. Eines Tages tauchte eine Bettlerin mit sieben halb verhungerten Kindern auf und flehte um ein Stück Brot. Die Edelfrau saß gerade bei einem Festmahl, doch anstatt zu helfen verhöhnte sie die Bettlerin wegen der vielen Kinder. Dafür traf sie der Fluch der Bettlerin und sie brachte eines Tages ebenfalls sieben uneheliche Kinder zur Welt. In ihrer Not befahl sie einer Dienerin, diese im Weiher zu ertränken. Doch bei dem Versuch traf die Dienerin den zurückkehrenden Ritter. Er versteckte die Kinder bei Verwandten und ließ seine Frau glauben, sie seien tot. Sieben Jahre später holte er die Kinder zu einem Fest auf die Burg, wo sie den Gästen von ihrem schweren Schicksal sangen. Als die Burgherrin sagte, man müsse die Mutter zur Strafe bei Wasser und Brot lebendig einmauern, offenbarte ihr Mann die Wahrheit. Die Edelfrau hatte ihr eigenes Urteil gesprochen und wurde in der Höhle im Gottschlägtal lebendig eingemauert. Schließlich ließ der Ritter den Bach in die Höhle leiten, um seine Frau von ihren Qualen zu erlösen.

Lasst den Ort mit seiner grausamen Geschichte auf euch wirken, geht zurück Richtung Parkplatz und folgt der gelben Raute nach Allerheiligen. Der Waldweg führt euch im Zickzack am felsigen Hang bergauf. Wenn ihr nach knapp zwei Kilometern aus dem Wald kommt, durchquert ihr den ZINKEN BLÖCHERECK, einen abseits vom Dorf in einer Talenge liegenden Wohnplatz. Dementsprechend geht es an den letzten Häusern noch einmal steil bergauf, bevor ihr am Hang über dem Tal weiterwandert.

Kalte Windböen fauchen euch entgegen. Ihr blickt über Berggipfel, die von dichtem Wald bedeckt sind. Nur hier seht ihr den Schwarzwald in seinem ursprünglichen Zustand als Mischwald aus Tannen und Buchen, denn in diesem Gebiet sind die Hänge zu schroff, um Waldwirtschaft zu betreiben, sodass keine schneller wachsenden Fichten gepflanzt wurden. Als die Römer vor 2000 Jahren nach Germanien kamen, gaben sie dem Schwarzwald seinen Namen: Silva Nigra. Von den Alpen kommend, muss die riesige Waldfläche dunkel und unheimlich gewirkt haben. Die Römer mieden den Schwarzwald jedenfalls und zogen durch die Rheinebene.

Nach knapp zwei Kilometern führen an einer Gabelung beide Wege nach Allerheiligen. Ihr wählt den unteren Richtung „Köhlerhütte", und lasst euch von moosbewachsenen Steinmauern leiten. Dabei begleiten euch Rinnsale, die talwärts strömen und dürre, fleckige Buchen, die sich mit ihren bizarr gekrümmten Stämmen scheinbar über den Weg beugen wollen. Der

Von den Alpen kommend, muss die riesige Waldfläche dunkel und unheimlich gewirkt haben.

Waldboden wird bald zu einem giftgrünen Teppich.

Nach 1,5 Kilometern steht rechts abseits des Wegs ein seltsames, dunkles Gebilde – wie ein Tipi aus Teerpappe mit spitzem Hexenhut. Das Material ist rissig, Schlingpflanzen und Moos nehmen es langsam in Besitz und lasten schwer auf dem niedrigen Eingang. Traut euch und geht geduckt ins Innere. Dort erkennt ihr, dass es sich bei dem Hexenhut um die Abdeckung eines Rauchabzugs handelt. Ihr steht in der KÖHLERHÜTTE. Noch bis ins 20. Jahrhundert lebten Köhler über viele Monate abseits der Zivilisation in solch trostlosen Hütten, um ihren nahe gelegenen Kohlenmeiler stets im Blick zu haben und Waldbrände zu verhindern. Doch wer das harte, schmutzige Köhlerhandwerk ausübte, wurde dafür von seinen Mitmenschen verachtet.

700 Meter weiter überquert ihr am Parkplatz gleich links die Straße und verlasst die gelbe Raute vorübergehend, um dem Allerheiligensteig zu folgen. Er führt als schmaler Pfad unter riesigen Tannen bergab, durch die ihr schon bald die KLOSTERRUINE im Tal erkennt. Überquert die Allerheiligenstraße und folgt dem Pfad über die Wiese. Hinter der Allerheiligenkapelle liegt die mächtige Ruine der Klosterkirche aus dem 12. Jahrhundert. 1804 wurde sie vom Blitz getroffen und weitgehend zerstört. Was von ihr übrig blieb, ist von schwarzen Rußspuren gezeichnet.

In der Sakristei am westlichen Ende sind Säulenelemente und Sargdeckel ausgestellt. Geht weiter ins Langschiff und die Arkaden entlang zur Marienkapelle, in der heute noch Opfergaben dargebracht werden. Am meisten jedoch sticht die Ostfassade ins Auge, wo am gotischen Glockenturm immer noch Gargoyles mit ihren Fratzen das Böse abschrecken. Nicht jedoch den ruhelosen Geist eines Mönchs, der aus Kruzifixen Gewehrkugeln goss und damit wilderte. Er muss

Was von ihr übrig blieb, ist von schwarzen Rußspuren gezeichnet.

zur Strafe auf ewig bei der Ruine umgehen. Man sagt, er spiele Gästen gerne üble Streiche.

Wenn ihr die Ruine wieder verlasst, überquert ihr den Klosterhof und haltet euch Richtung Wasserfälle. Folgt dann der gelben Raute und wandert 1,5 Kilometer an den ALLERHEILIGEN-WASSERFÄLLEN entlang, die über sieben Kaskaden 83 Meter in die Tiefe stürzen. Die Schlucht um euch herum ist rau und urwüchsig. Riesige Tannenwurzeln greifen aus der Böschung, Äste und Stämme der knorrigen Bäume sind in eine dicke Moosschicht gehüllt. Das Wasser stürzt über von Algen dunklen Fels. Da taucht unvermittelt das steinerne Bild auf. Ein Steinmetz soll von seiner Geliebten verlassen worden sein und sich darum an einem Seil in die Tiefe gesenkt haben, um ihr Antlitz in den Fels zu meißeln. Dann soll er das Seil durchtrennt und sich in den Tod gestürzt haben.

Die Wasserfälle und Steilwände sind atemberaubend und ehrfurchteinflößend. Die Tannen, die beständig die Steilhänge bewohnen, sind viele Menschenleben alt. Nicht ohne Grund ist dieses Gebiet Teil des Nationalparks: Uns Menschen wird hier klar, wie klein und unbedeutend wir sind. Ergriffen geht ihr zurück, an der Ruine vorbei, der gelben Raute nach und folgt der Allerheiligenstraße 300 Meter Richtung Oppenau. Dort versteckt sich hinter einem kleinen Parkplatz der Pfad zum TREKKING-CAMP ERDBEERLOCH.

Die drei Holzplattformen, auf denen ihr eure Zelte aufstellen könnt, liegen mitten im Wald, umgeben von Heidelbeersträuchern und Stechpalmen. Ab Einbruch der Dämmerung huschen Fledermäuse auf lautlosen Flügeln umher. In der Nacht rauscht der Wind laut in den Blättern und rüttelt am Zelt. Vielleicht ist es ja der Geist des Mönchs von Allerheiligen, der euch einen Streich spielen will.

> Äste und Stämme der knorrigen Bäume sind in eine dicke Moosschicht gehüllt.

ÜBERNACHTUNG
Die Trekking Camps sind unter www.trekking-schwarzwald.de buchbar.

11

Vom Führerhauptquartier zum sagenumwobenen Ellbachsee

Ihr besucht die Ruinen des Führerhauptquartiers Tannenberg, wo Hitler sich nach dem Westfeldzug aufhielt. Auf einem wilden Weg wandert ihr am Bösen Ellbach bis zum schwarzen Ellbachsee.

DIE WANDERUNG beginnt bei 1000 Höhenmetern am Parkplatz gegenüber der Zollstockhütte auf dem Berg Kniebis im Hochschwarzwald. Auf der angrenzenden Grindenfläche ruhen zerstörte Zeugen der dunklen Vergangenheit. Adolf Hitler ließ hier das FÜHRERHAUPTQUARTIER TANNENBERG bauen und hielt sich 1940 dort auf, um nach dem Überfall auf Frankreich Truppenstandorte im Elsass zu besuchen. Er empfing Nazis wie Goebbels und Himmler sowie die Gauleiter von Baden und der Pfalz, deren Gaue er um das Elsass und Lothringen erweiterte. Vor Kriegsende zerstörte die Wehrmacht die Anlage und ließ die Ruinen zurück, die ihr nun besichtigt. Allerdings nur vom Weg aus, denn das Betreten der Grinde ist verboten und lebensgefährlich – erst 2021 musste der Kampfmittelräumdienst intakte Granaten sicherstellen.

Folgt von der Infotafel dem Weg auf den Wald zu und geht nach 50 Metern links parallel zur Grinde weiter. Nach 130 Metern tauchen die ersten Fundamentreste auf, nach weiteren 230 Metern Spuren einer Sperrvorrichtung. Biegt am Ende der Grindenfläche links ab. Nach 170 Metern taucht eine Anhöhe mit Überresten des Führerbunkers auf. Wenig später liegen die quadratischen Barackenfundamente von Badehäusern direkt am Weg. Dahinter bietet sich ein Blick auf weitere Fundamentreste und Anhöhen, bei denen es sich um übererdete Bunker handelt.

HIN & ZURÜCK
Parkplatz gegenüber der Zollstockhütte Baiersbronn; Bushaltestelle „Alexanderschanze" (1,5 km entfernt)
- Tagestour
- Rundwanderung
- Länge 17,2 km
- hoch 560 m, runter 560 m

Teils fühlt es sich an, als wolle der Bach den Weg schlucken.

Geht zurück und biegt an der Abzweigung vor dem Parkplatz links ein. Bald führt ein schmaler, halb zugewachsener Pfad nach rechts ins Unterholz. Ein kurzes Stück weiter entspringt rechts aus dunklen Felsen der BÖSE ELLBACH. Der Anblick des winzigen Rinnsals hier an der Quelle täuscht darüber hinweg, dass die reißenden Wasser des Bachs oft über die Ufer treten und er aufgrund seines unberechenbaren Temperaments „Böser Ellbach" genannt wird.

200 Meter weiter wandert ihr auf dem Schotterweg nach links, direkt am Bach entlang. Lasst die Ellbachschlägerhütte links liegen und folgt nach 300 Metern einem schmalen Pfad bergab Richtung „Sauerbrunnen". Er windet sich zwischen hohem Farn und Nadelbäumen bergab zum TREKKING CAMP BÖSELLBACH. Der böse Bach führt hier schon deutlich mehr Wasser, lautes Rauschen erfüllt die Luft. Mit Blick über den dichten Schwarzwald wandert ihr über dicke Wurzeln und überspülte Steine. Teils fühlt es sich an, als wolle der Bach den Weg schlucken.

Bald erreicht ihr den Sauerbrunnen. Unter dem Schild „AVE MARIA ELLBACH" tritt übel riechendes, ockergelbes Wasser aus und färbt den Boden nacktschneckenrot. Die rote Farbe entsteht durch den hohen Eisengehalt. Am Quellaustritt nimmt das Wasser Sauerstoff auf, die Eisenverbindungen oxidieren und Schwefelwasserstoff wird freigesetzt. Trinken auf eigene Gefahr! Nach 500 Metern überquert ihr den Bach auf einem Steg. Kurz darauf liegt das Camp vor euch. Neben der Schutzhütte führt ein schmaler Pfad zu den drei Plattformen, wo ihr zwischen Farn, Brombeersträuchern und Fichten euer Zelt aufstellen könnt, wenn ihr reserviert und bezahlt habt. Nachts wird der Wind vom Fauchen des Bösen Ellbachs übertönt. Vom Camp aus führt ein Schotterweg durch das Tal weiter bergab. Der böse Bach rauscht reißend über Stufen und Steine

TIPP
Im Frühjahr oder Spätherbst ist das Führerhauptquartier besser zu sehen, da im Sommer Vegetation Teile der Anlagen bedeckt.

ÜBERNACHTUNG
Die Trekking Camps sind unter www.trekking-schwarzwald.de buchbar.

zwischen Fingerhut und Pestwurz hindurch. Hinter dem Bösellbachbrückle geht ihr rechts, immer parallel zum Bach, durchquert auf der Ellbachstraße den Ort Baiersbronn Mitteltal und haltet euch nach 1,3 Kilometern rechts Richtung Wildgehege. Es lohnt sich, das Gehege zu umrunden. Folgt dann einem weichen Waldweg zwischen hohen Nadelbäumen Richtung „Ellbachsee". Links fließt jetzt der GUTE ELLBACH in seinem breiten Bett, gemütlicher und klarer als sein böser Bruder. Nach 600 Metern überquert ihr ihn auf großen Steinen, geht steil bergauf und rechts Richtung „Ellbachsee" weiter am Bach entlang. Wenn das Camp Gutellbach ausgeschildert ist, steigt ihr links steil bergauf, haltet euch dann rechts und passiert die Wiesenhütte und den Wiesenbrunnen.

Dem Weg folgend, erreicht ihr nach 800 Metern den einzigen Baum weit und breit, der den Orkan Lothar im Dezember 1999 überstanden hat – die ELLBACHTANNE. Sie überragt die umstehenden Bäume deutlich. 400 Meter weiter folgt ihr der Seesteig-Raute die stark verwurzelte Böschung hinauf, um auf dem Abenteuerpfad weiterzuwandern. Er windet sich durch Dickicht steil bergauf und bergab. Gut 30 Minuten lang zwängt ihr euch durch hohen Farn, dichtes Nadelgehölz und wankt über den Schwingrasen des Hochmoors. Wenn die Tannen sich wieder lichten, weht ein kalter Wind, der nach dem starken Anstieg mehr als willkommen ist. Folgt der gelben Raute nach rechts und überquert auf Steinen und großen Holzplatten einen Bach.

Folgt dann dem Seehaldeweg nach rechts zum ELLBACHSEE, einem eiszeitlichen Karsee, dessen pechschwarzes Wasser von giftgrünen Algen bedeckt ist. Karseen werden auch als schwarze Augen des Waldes bezeichnet. Sie entstanden in der letzten Eiszeit vor rund 10.000 Jahren. Gletscher schmolzen, Schnee- und Eismassen rutsch-

> **Dem Weg folgend, erreicht ihr den einzigen Baum weit und breit, der den Orkan Lothar im Dezember 1999 überstanden hat.**

AUSRÜSTUNG
Nehmt ein Fernglas mit.

ten ins Tal und rissen Gesteinsbrocken mit sich. Wo der Rutsch endete, türmte sich das mitgeschleifte Geröll zu einer Wand, der sogenannten Karwand. Wasser und Eis gruben eine Mulde, die Karmulde, die sich mit Schmelzwasser und durch Zulauf von Bächen füllte.

Steigt vom Ellbachsee einen schmalen Waldweg bergauf, dem Schild „Ellbachseeblick 0,8 km" folgend. Biegt vor der unheimlichen Ellbachseehütte, die euch aus hohlen Fenstern anzustarren scheint, rechts ab und geht direkt an ihrer Außenwand vorbei. Folgt dem Seensteig steil bergauf über Wurzeln, riesige Steine und Geröll.

Als hätte ihn ein Drache mit seinen Klauen in den giftgrünen Schwingrasen gerissen.

Auf dem höchsten Punkt bei 976 Metern erreicht ihr die Aussichtsplattform „ELLBACHSEE-BLICK". Von oben erkennt ihr, dass der finstere See aussieht, als hätte ihn ein Drache mit seinen Klauen in den giftig-grünen Schwingrasen gerissen. Einer Sage nach soll der See so schwarz sein, weil junge Männer aus Rache Ruß hineinstreuten. Sie hatten in Sommernächten am Seeufer mit Wasserelfen getanzt, bis deren Vater es verbot.

Folgt der gelben Raute Richtung „Rosshimmel", haltet euch nach einem Kilometer rechts Richtung „Ellbachsee" und biegt nach 150 Metern scharf links ab, um die gelbe Raute auf einem geschotterten Pfad zu verlassen. Hinter der Rosshimmelhütte geht ihr rechts. Am Schanzbrunnen taucht die gelbe Raute wieder auf und führt euch bergauf. Stämme sind von grauen Flechten überwuchert. Ein alter Baum greift mit flugmoosbehangenen, toten Ästen wie mit Klauen aus dem hohen Farn.

An der nächsten Wegspinne geht ihr Richtung „BÖSELLBACHBLICK" und haltet euch an den nächsten zwei Gabelungen links. So erreicht ihr den Aussichtspunkt, von dem ihr ein letztes Mal über das Bösellbachtal blickt. Biegt dahinter rechts ab. An der nächsten Abzweigung ist die Zollstockhütte am Parkplatz ausgeschildert.

12

Vom Sankenbachsee zum Lost Place Schloss-hotel Waldlust

Ihr umwandert den mystischen Karsee und erklettert einen alpinen Steig zum Sankenbachfall. Die Wanderung endet an einem der unheimlichsten Lost Places Deutschlands – dem Schlosshotel Waldlust.

HIN & ZURÜCK
Wanderparkplatz Wildgehege/
Sankenbachsee; hin Bahnhof
Baiersbronn, zurück Bahnhof
Freudenstadt (Verbindung
S8, S81)
• Halbtagestour
• Streckenwanderung
• Länge jeweils 12,4 km
• hoch 365 m, runter 259 m

IHR STARTET am Wanderparkplatz Wildgehege/Sankenbachsee, geht am Gehege entlang in den Wald und folgt dem Sankenbachsteig. Der SANKENBACH schießt über schwarze Steine. Ihr begleitet ihn durch ein schmales Tal, das wie ein Messerschnitt im undurchdringlichen Schwarzwald klafft. Nach 700 Metern überquert ihr den Bach auf Felsquadern oder einer Holzbrücke. Ein Pfad führt euch an seinem Ufer bergauf. Unzählige Wurzeln dringen aus dem Erdreich und ihr geht bald vorsichtig am Abhang entlang, während der Bach tief im Tal unter euch rauscht.

Nach einem knappen Kilometer stürzt das Wasser über dunkle Treppen bergab. Dann liegt der SANKENBACHSEE vor euch – überragt von dichtem Wald, der sich auf seiner stillen Oberfläche spiegelt. Haltet euch links und überquert die Brücke. Blickt in das trübe Wasser und spürt die besondere Magie des geheimnisvollen Orts. Folgt dem Weg am linken Seeufer vorbei an grauen, kranken Bäumen, die unter der hohen Feuchtigkeit des Bodens leiden.

Hinter dem See folgt ihr dem Sankenbach stromaufwärts steil bergauf in den Wald. Ihr bewandert auf eigene Gefahr einen alpinen Steig durch raue Natur. Bei Frost riskiert ihr hier euer Leben. Links schießt der Bach durch eine felsige Klamm, während ihr über Wurzeln und Steinbrocken klettert. Doch Vorsicht, einige sind locker und lösen sich unter euren Füßen.

Nachdem ihr auf 100 Metern Strecke 40 Höhenmeter überwunden habt, rauscht hinter einer Kurve der große SANKENBACHFALL in die Tiefe. Er entspringt hoch über euch und stürzt die dunkle, rissige Karwand hinab. Mehrere Seitenfälle rinnen über den schwarzen Fels. Gras und Schlingpflanzen baumeln über dem Abgrund. Setzt euch auf die Bank mit dem moosbewachsenem Spitzdach und lasst die Umgebung auf euch wirken. Steigt dann weiter hinauf, vorbei an zerklüfteten Felsen und umgestürzten Stämmen, die langsam talwärts rutschen. Ihr quert überspülte Steine und Stege, bis ihr hinter einer Brücke eine mechanische Stauvorrichtung erreicht. Mithilfe eines Holzbalkens könnt ihr den Sankenbach in einem Becken oberhalb anstauen und schließlich die Wassermassen entfesseln.

500 Meter weiter folgt ihr an der Wasserfallhütte dem SANKENBACHSTEIG Richtung Freudenstadt. Links, tief im Tal, liegt der unergründliche See zwischen dunkel bewaldeten Bergen. Rechts, hoch über euch, klammern sich Fichten an giftgrün gefleckte, schroffe Felsen. Ihre Stämme sind mit dürren grauen Ästen übersät, ihre Kronen wild und grün. Dazwischen drohen Felsblöcke in die Tiefe zu stürzen. Dass sie es wirklich tun, beweisen Spuren am Hang und Steine mit frischen Bruchkanten am Weg.

Der Sankenbachsteig wird nach 500 Metern zu einem verlorenen Pfad, den immer wieder Rinnsale queren. Über dicke Steine und Geröll gewinnt ihr weiter an Höhe. Nach 800 Metern erreicht ihr einen breiten Weg. Der Wald am Wegesrand ist so dicht, dass ihr nur Bäume und ein kleines Stück vom Himmel seht. 100 Meter weiter nimmt euch ein steiniger Pfad auf, der zum höchsten Punkt der Wanderung bei 849 Metern führt. Der Waldboden gleicht hier oben einer tiefgrünen Ebene. 1,5 Kilometer hinter der Wasserfallhütte verlasst ihr den Sankenbachsteig und

Dazwischen drohen Felsblöcke in die Tiefe zu stürzen.

ACHTUNG
Auf keinen Fall bei Frost zum Wasserfall – Lebensgefahr!

folgt an einem Stern aus fünf Wegen der blauen
Raute Richtung Freudenstadt. Auf einem schmalen Pfad duckt ihr euch unter Ästen hindurch
und gelangt nach 400 Metern über eine Lichtung
auf einen breiten Schotterweg, dem ihr bis zur
Sandwaldhütte folgt. Von dort geht es knapp vier
Kilometer weiter durch dichten Wald. Vom Rand
eines Abhangs könnt ihr jetzt immer wieder im
Tal Freudenstadt sehen. An einer T-Kreuzung
haltet ihr euch Richtung „FDS Marktplatz" und
überquert 200 Meter hinter dem Hofgut Bären-
schlössle den Forbach. Die blaue Raute führt
euch zum historischen Marktplatz. Von dort
folgt ihr der B 28 und ab dem Kreisverkehr der
Lauterbadstraße 700 Meter nach Süden zur Auf-
fahrt des „SCHLOSSHOTEL WALDLUST".

Der verwitterte Prachtbau mit seinen dunklen Fenstern sorgt schon beim Betrachten von
Weitem für ein mulmiges Gefühl. Seit dem Um-
bau durch einen Baden-Badener Stararchitekten

Doch Modergeruch liegt in der Luft, Stuck und Malereien blättern von den Wänden.

TIPP
Informationen zu Führungen und Übernachtungen findet ihr unter: www.waldlust-denkmal.de. Die Wanderung lässt sich sicher gut mit der Führung donnerstags um 18 Uhr kombinieren. Virtueller Rundgang durch die Waldlust unter www.freudenstadt-erlebt.de/waldlust-rundgang/

im Jahr 1902 war die Waldlust das vornehmste Luxushotel im Ort und verhalf Freudenstadt zu Weltruhm. Jahrzehntelang residierten hier die Reichen und Schönen – Könige, Sultane und Hollywoodstars. Wenn ihr das Grand Hotel besichtigt, erzählen die historischen Möbel in den prächtigen Sälen und luxuriösen Zimmern noch von dieser goldenen Zeit. Doch Modergeruch liegt in der Luft, Stuck und Malereien blättern von den Wänden. Schimmel zerstört die Tapeten. Das einst wunderschöne Jugendstil-Treppenhaus ist düster und schäbig.

Die Blütezeit der Waldlust fand mit dem Zweiten Weltkrieg ein jähes Ende, da die Wehrmacht das Luxushotel beschlagnahmte und zum Lazarett umfunktionierte. Wo einst der König von Schweden und der Prinz von Wales residierten, siechten und starben nun schwer verletzte Soldaten.

1949 konnten die Inhaber den Hotelbetrieb wieder aufnehmen, doch es war, als hätten die im Lazarett Verstorbenen das Schlosshotel Waldlust mit einem Fluch belegt. Der Erfolg der alten Zeit wollte sich nicht mehr einstellen. 2005 wurde der Betrieb endgültig aufgegeben.

Berichten zufolge soll zudem die ehemalige Inhaberin Adele im Zimmer 434 in ihrem lindgrünen Himmelbett ermordet worden sein. Angestellte und Gäste sollen Geistererscheinungen gemeldet haben, darunter Anrufe aus unbewohnten Zimmern und Schritte auf leeren Fluren. Es heißt, eine verschleierte Gestalt, in der Hotelpersonal den Geist Adeles erkannte, streife durch die Gänge. Gäste sollen fluchtartig abgereist sein. Die schaurigen Geschichten haben sogar Geisterjäger angelockt. Was sie gefunden haben? Davon könnt ihr euch selbst ein Bild machen. Der Verein Denkmalfreunde Waldlust bietet Führungen, Fototouren und neuerdings sogar wieder Übernachtungen in dem unheimlichen Gebäude an.

#13

Durch das Schelmenloch zum Triberger Galgen

Ihr durchquert ein Tal, das vor 220 Millionen Jahren durch einen Tsunami geformt wurde und wandert auf dem Pfad, über den bis ins 18. Jahrhundert Verurteilte zu ihrer Hinrichtung am Triberger Galgen geführt wurden.

EURE WANDERUNG beginnt am Parkplatz Hintertalstraße in Triberg und führt gegenüber in den Weg SCHELMENLOCH. Dieser Name geht auf dessen dunkle Vergangenheit zurück. Bis Ende des 18. Jahrhunderts wurden durch dieses „Loch" zum Tode Verurteilte gezerrt, um am Triberger Galgen gehängt zu werden. Mit pochendem Herzen steigt ihr durch das Schelmenloch steil bergan. Dunkler Wald ragt hoch um euch auf, einzelne Lichtstrahlen brechen durch die Baumkronen und erzeugen eine mystische Atmosphäre.

Ihr überquert eine Wiese und folgt der gelben Raute Richtung Stöcklewaldturm. Wie ein böses Omen lehnt plötzlich links ein GRABSTEIN an einem Kruzifix. Bald wandert ihr oberhalb eines Tals und kommt nach 400 Metern zu einem großen Steinblock links am Weg. Einen Kilometer weiter führt euch ein schmaler Pfad durch tiefes Grün. Dann sticht zu eurer Linken eine raue Felsnadel empor.

Es ist der HEIDENSTEIN, der 850 Meter über den Meeresspiegel aufragt. Wenn ihr ihn auf eigene Gefahr erklettert, erblickt ihr eine zweistämmige Kiefer, die ihre mächtigen Wurzeln in den Fels gräbt. Raubvögel ziehen ihre Kreise. Sie ahnen nicht, welche Katastrophe sich hier vor 220 Millionen Jahren zugetragen hat. Denn das friedliche Tal wurde im mesozoischen Erdzeitalter von einem Tsunami in die Erde gerissen, der mehr als doppelt so hoch war wie die Monsterwelle, die

HIN & ZURÜCK
kostenloser Parkplatz an der Hintertalstraße in Triberg Nußbach; Bushaltestelle „Nußbacher Straße" (1,5 Kilometer entfernt)
• Halbtagestour
• Rundwanderung
• Länge 10,9 km
• hoch 429 m, runter 429 m

2004 die Küsten des Indischen Ozeans zerstörte. Stellt euch vor, wie Schlamm- und Wassermassen mit ohrenbetäubendem Lärm an euch vorbeirasen und alles mitreißen. Ihr steht auf der einzigen Felsnadel, die nicht in den Fluten verschwindet.

Folgt der gelben Raute weiter und verlasst sie nach knapp 100 Metern über einen kaum sichtbaren Pfad, der euch den Abhang hinunter in das Tsunami-Tal und zur Schwenninger Hütte führt. Hinter der Hütte nehmt ihr den Edelweißweg zurück in den Wald. Der alpine Wanderweg bringt euch über metallgesicherte Stufen zum Lägerfelsen, einem atemberaubenden Felskoloss. Der Aufstieg erfordert Kondition, Schwindelfreiheit und Trittsicherheit, doch die urtümliche raue Felslandschaft ist jeden Schritt wert.

Ihr erreicht nach 200 Metern eine Ebene und möchtet wahrscheinlich nichts lieber, als dem bequemen Weg nach links zu folgen. Doch zwei schmale Pfade führen bergauf. Wählt den rechten von ihnen. Zwischen Geröll und Moos dienen nun hauptsächlich Wurzeln als Stufen. Wenn ihr kurz darauf einen unheimlichen, halb verfallenen Ansitz passiert, seid ihr richtig und erreicht bald einen breiten Wiesenweg. Hinter hohen Tannen und Fichten überragen euch die zerklüfteten Steilwände des LÄGERFELSENS, auf dessen unwirtlichem Kamm sich teils todesmutige Kiefern festkrallen. Folgt am Ende des Wiesenwegs kurz einem Waldweg nach rechts und dann der asphaltierten Straße in Serpentinen bergauf. So erreicht ihr den Galgenweg.

An den Seiten dieses knirschenden Waldwegs werfen dunkle Fichten ihre Schatten und saure Nadeln auf den moosigen Boden. Nach 900 Metern biegt ihr links in einen Pfad, der zwei tiefen Reifenspuren ähnelt und geht die letzten Meter zum GALGEN. Die Richtstätte liegt auf der Anhöhe Hochgericht bei 1020 Metern – eine weithin sichtbare Drohung. Wer hier sein Ende fand,

Wie ein böses Omen lehnt plötzlich links ein Grabstein an einem Kruzifix.

TIPP
Vom Parkplatz hinter dem Galgen könnt ihr einen Abstecher von 500 Metern zur Vesperstube Stöcklewaldturm machen, um zu essen und für einen Euro vom Turm bis zur Zugspitze und zum Montblanc zu blicken.

blickte dabei über das Tal, aus dem ihr gerade aufgestiegen seid. Bis Ende des 18. Jahrhunderts sind in Triberg 15 Hinrichtungen überliefert, zwölf davon wegen Hexerei. Wenn ihr um eine Kurve biegt und den Galgen erblickt, rauscht der Wind wild in den Bäumen, als würden die Seelen der Gehenkten toben. Der Triberger Scharfrichter vergrub ihre Leiber direkt beim Galgen. Möchtet ihr euch auf die Bank setzen und ihnen lauschen?

Der Wind rauscht wild in den Bäumen, als würden die Seelen der Gehenkten toben.

Da ihr dem Galgen entgeht, dürft ihr dem Weg der Verurteilten zurück folgen. Orientiert euch an der roten Raute, überquert die Straße und den Parkplatz und haltet euch dann Richtung Triberg. Auf dem Rückweg seht ihr viele Bäume, die ihre Äste traurig hängen lassen oder sie kahl und spitz von sich strecken, als wollten sie sich gegen Angriffe wehren. Einige sind ganz und gar von grauen Flechten überwuchert. Wie bedrohlich muss all das auf die Menschen gewirkt haben, die vom Scharfrichter zur Hinrichtung geführt wurden?

Ihr Glücklichen wandert nun 700 Meter am Rand der Geutschestraße Richtung Triberg und folgt der blauen Raute wieder in den Wald Richtung Nußbach. Ihr passiert einen Platz, der in grauer Vorzeit eine KULTSTÄTTE war, die aus einem Kreis von sieben großen Steinen bestand. Die Steine sollen nicht mehr vorhanden sein, doch bald erreicht ihr einen kleinen See, dessen Ufer von großen Steinen umringt ist. Könnten das die Steine der Kultstätte sein?

400 Meter weiter passiert ihr die HUBERTUS-KAPELLE. Man vermutet, sie könnte bereits seit dem 15. Jahrhundert an diesem Platz stehen. Vielleicht durften die Todgeweihten von Triberg hier noch ein letztes Gebet sprechen. Ihr wandert weiter über eine weite Ebene mit Blick auf die dicht bewaldeten Berge. Schließlich biegt ihr wieder ins Schelmenloch, das euch sicher zu eurem Auto oder zur Bushaltestelle führt.

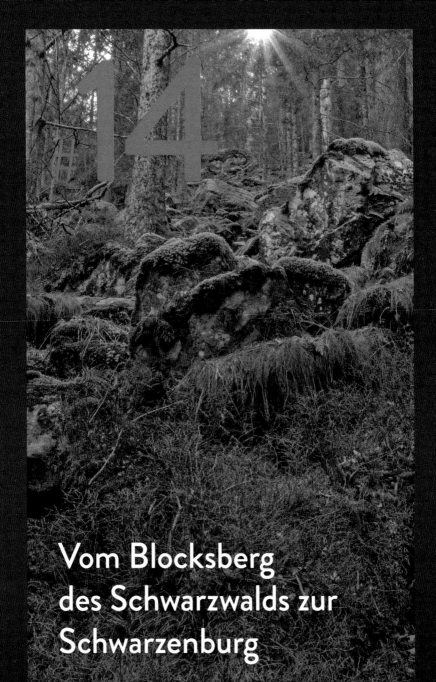

Vom Blocksberg
des Schwarzwalds zur
Schwarzenburg

14

Euer Weg führt durch ein riesiges Felsenmeer am Kandel, das entstand, als die Teufelskanzel ausgerechnet in der Walpurgisnacht abstürzte. Erkundet im Anschluss eine Ruine, die der Sage nach von Dämonen zerstört wurde.

HIN & ZURÜCK
Öffentlicher Parkplatz nahe
der Bergwelt Kandel, Kandel
1 in Waldkirch; Bushaltestelle
„Kandel"
- Tagestour
- Rundwanderung
- Länge 13,4 km
- hoch 642 m, runter 642 m

IHR STARTET auf dem Gipfel des KANDELS in 1241 Metern Höhe, umzischt von heftigen Böen. Von der Bushaltestelle Kandel aus lasst ihr die Gebäude der Bergwelt rechts liegen und folgt der gelben Raute Richtung Serpentine. Ein schmaler Pfad windet sich den steilen Hang hinunter. Riesige Pilze hängen an einem moosüberwucherten toten Baumstamm, der einen Bach wie eine morbide Brücke quert. Hier trieb eine Wilderin mit zwei schwarzen Hunden ihr Unwesen. Man nannte sie Gfällrote und es hieß, sie sei eine Hexe, die aus einem Scheiterhaufen auferstanden sei. Der Sage nach war es unmöglich, die Gestaltwandlerin mit den rotglühenden Augen zu töten.

Folgt nach 1,2 Kilometern dem Pfad Richtung „großer Kandelfelsen" durch ein atemberaubendes FELSENMEER. Die Geschichte hinter diesem Ort ist so unglaublich, dass man sie für eine weitere Sage hält, doch sie ist real. In der Walpurgisnacht jagen die Kandelhexen den Menschen bis heute Angst und Schrecken ein.

Während des Hexensabbats im Jahr 1981 brach kurz nach Mitternacht der 6000 Tonnen schwere, obere Teil des Kandelfelsens ab. Der Felskoloss, seit dem Mittelalter Teufelskanzel genannt, schlug mit ohrenbetäubendem Lärm eine 200 Meter breite Schneise in den Wald. Die Bergwacht fand am nächsten Tag einen Reisigbesen im Schutt. So erhielt der Kandel den Beinamen „BLOCKSBERG VOM SCHWARZWALD".

Der Felskoloss schlug mit ohrenbetäubendem Lärm eine breite Schneise in den Wald.

Ihr wandert zwischen großen grauen Steinen, die sich dicht an dicht stapeln. In den vergangenen 40 Jahren haben Moos und Gras sie mit einer dicken Schicht umhüllt. Der Pfad wird immer felsiger, bald müsst ihr große Gesteinsbrocken kletternd überwinden. Nach 400 Metern ragt über euch ein riesiger kahler Felsen auf, der wie ein Berg auf dem Berg wirkt: der große Kandelfelsen. Raben nisten in seinen Spalten, ihr Krächzen hallt von seinen rauen Hängen wider.

Wandert dann weiter und folgt am nächsten Wegweiser dem oberen Pfad Richtung „Thomas-Hütte". Verlasst nach 700 Metern die gelbe Raute und folgt der hellgrünen Raute, die mit einem stilisierten Herzen den Zweitälersteig anzeigt. Die THOMAS-HÜTTE liegt auf dem kleinen Kandelfelsen bei 1070 Metern. Ihr erreicht sie über eine Anhöhe mit bizarren Steingebilden. Nach einem Blick über das Glottertal folgt ihr dem Zweitälersteig bis zur Ruine Schwarzenburg. Der Weg ist abenteuerlich und führt im Zickzack steil bergab. Felsriesen umringen euch, während ihr den kleinen Kandelfelsen umrundet.

Nach 3,6 Kilometern passiert ihr die Schwarzenberghütte und steigt steil hinauf zur Ruine der SCHWARZENBURG. Betretet sie durch die ehemalige Südbastion und passiert die Grundmauern von Wirtschaftsräumen und Kapelle. Dahinter wacht finster und traurig der Wehrturm aus 656 Metern Höhe über Waldkirch und das Rheintal. Zwischen 1122 und 1136 erbaut, war die Schwarzenburg eine der größten Burgen des Breisgaus. Dämonen sollen sie zerstört haben, weil der grausame Schlossherr von Schwarzenberg einen seiner Leibeigenen namens Kaspar psychisch quälte. Er befahl diesem, seine einzige Tochter als Dienstmagd auf die Burg zu bringen. Nur wenn Kaspar ihm am selben Abend einen kompletten Kirschbaum liefere, werde er auf die Tochter verzichten und Kaspar zum freien Mann erklären. Nach einer blutrünstigen Jagd machten der Schlossherr und seine Jagdgesellschaft sich gerade über Kaspar lustig, als ein heftiges Gewitter ausbrach und alle Lichter löschte. Durch die offenen Fenster sahen sie, wie hundert Riesenarme aus der Erde emporgriffen, einen Kirschbaum ausrissen und auf einen Wagen luden. Die Kirschen wurden zu Flammen, die sich in Herz und Magen der Jagdgesellschaft brannten, schließlich auf die Burg überschlugen und sie zerstörten.

Erkundet die Ruine und verlasst sie, wie ihr gekommen seid. Folgt dann ab der Schwarzenberghütte dem Brunnenweg bis zur Wolfsgrubenhütte, lasst diese links liegen und geht 1,5 Kilometer durch dunklen, dichten Wald bergauf bis zur Langeckhütte. Von der Langeckhütte folgt ihr der gelben Raute auf dem Damenpfad Richtung großer Kandelfelsen. Nach 160 Metern wird der Schotterweg zu einem schmalen Pfad. Unterwegs bietet sich ein spektakulärer Blick auf den großen Kandelfelsen. Je höher ihr kommt, desto dichter und verfilzter wird der Wald. Bald durchwandert ihr ein kleines Felsenmeer. Die Steine müssen von dem großen Felsen stammen, der sich rechts von euch drohend erhebt. Im Gegensatz zum kahlen Kandelfelsen hängt Gras in Fetzen von seinen Flanken.

Wenn ihr nach knapp 2,5 Kilometern den GROSSEN KANDELFELSEN erreicht, werdet ihr mit einem grandiosen Ausblick belohnt. Hier findet ihr auch eines der ältesten Gesteine Deutschlands. Die sogenannten Gneise sind älter als der Schwarzwald und die Alpen, und so knittrig und faltig wie Greise. Vor 350 Millionen Jahren wurden sie tief unter der Erdkruste geschmolzen und dann wieder an die Oberfläche gedrückt. Lasst die Gneise links liegen und geht steil bergauf. Nach 400 Metern verlasst ihr am Hessfelsen den Damenpfad, klettert am rauen Fels entlang und geht zurück zum Startpunkt.

Raben nisten in seinen Spalten, ihr Krächzen hallt von seinen rauen Hängen wider.

ACHTUNG
Aufgrund der Höhe hält sich auf dem Kandel der Schnee teils bis in den März oder April. Hier auf vereisten Pfaden zu wandern, kann lebensgefährlich sein. Ihr könnt die Schneesituation mithilfe der Webcam bei den Kandelliften prüfen. Bedenkt aber, dass manche Wege im Gegensatz zur Skipiste im Schatten liegen und noch länger vereist sind. www.kandellifte.de

15

Vom Galgenbühl
im Höllental durch die
Ravennaschlucht

Blickt wie zum Tode Verurteilte vom Galgenbühl über den Schwarzwald und wandert in einem Tal, das französische Soldaten nach der Durchquerung als Hölle bezeichneten.

SCHON BEI der beklemmenden Anfahrt durch bis zu 600 Meter hohe Steilwände wird deutlich, warum französische Truppen das Tal im Jahr 1796 „Val d'Enfer" – Höllental – tauften. Die Wanderung beginnt am Weiler Höllsteig. Neben dem Gutshof Sternen, wo schon Goethe und Marie Antoinette zu Gast waren, erhebt sich der 30 Meter hohe GALGENBÜHL. Auf diesem Hügel wurden bis ins 18. Jahrhundert auf Geheiß des Adelsgeschlechts von Sickingen Todesurteile vollstreckt. Heute findet Ihr dort keinen Galgen mehr, sondern eine Aussichtshütte. Der Ort wurde nämlich mit einem grausamen Hintergedanken gewählt: Hier, beim Rauschen der Ravenna mit Blick über die bewaldeten Berge hingerichtet zu werden, sollte die Todesstrafe noch härter machen. Denn den Verurteilten wurde in ihren letzten Minuten die Schönheit der Heimat vor Augen geführt, die sie nie wiedersehen würden. Nur die mächtige RAVENNABRÜCKE, die regelmäßig von der Höllentalbahn überquert wird, hat es damals noch nicht gegeben.

Verlasst den Galgenbühl, durchquert einen der Bögen des Viadukts und folgt der Ravenna in die dunkel bewaldete Schlucht. Zwischen dem wilden Bach und riesigen Felsen führt der steinige Weg im Zickzack bergauf. Ihr passiert einen dunkelgrünen, totenstillen See. Bald stürzt die Ravenna mit Getöse über riesige Steine und teilt sich, um eine Insel zu umfließen, auf der Fichten

HIN & ZURÜCK
Vor dem Hofgut Sternen gibt es Wanderparkplätze. Eine Bushaltestelle existiert nicht mehr.
- Rundwanderung
- Halbtagestour
- Länge 6,8 km
- Hoch 390 m, runter 390 m

zwischen Steingiganten wachsen. Überquert den Bach auf einer langen Holzbrücke, der ersten von vielen, und folgt dem Weg bergauf über gewaltige Wurzeln und Steine bis zur nächsten Brücke.

Dann überquert ihr eine weitere Brücke, deren Metallgeländer unmittelbar an einer riesigen, feuchten Steilwand entlangführt. Stufe um Stufe steigt ihr hölzerne Treppen hinauf, während das Wasser vor euch in die Tiefe donnert – mit solcher Kraft, dass es die Pflanzen im Umkreis erzittern lässt. Vor euch liegt der große RAVENNAFALL mit 16 Metern Höhe. Ihr folgt dem erdigen Weg bis zu seinem Ursprung und blickt in die Tiefe. Die schroffen Steilwände, die riesigen Wurzeln und das Getöse des Wassers sind atemberaubend. Nach zwei weiteren Brücken taucht der nächste sagenhafte Wasserfall auf. Für einen besseren Blick könnt ihr links über Steine absteigen. Dann steht ihr auf einem kantigen, feuchten Felsplateau, umgeben von schroffen Steilwänden. Die unter riesigen Kiefern wuchernde Vegetation verleiht diesem Ort eine besonders wilde Atmosphäre.

Wenn Ihr den Anblick in euch aufgenommen habt, steigt Ihr eine Leiter hinauf und seht von oben, dass der Wasserfall beim Auftreffen eine riesige Schaumblase bildet. Rinnsale strömen die dunklen Felswände hinab. Aufgrund der hohen Luftfeuchtigkeit ist die gesamte Umgebung von Algen und Moos bedeckt. Unerwartet taucht hinter einer Kurve eine EINSAME MÜHLE auf. Sie liegt an einem weiteren Wasserfall zwischen Felsriesen und Fichtenzwergen. Die Fluten der Ravenna können über eine hoch liegende Rinne umgeleitet werden, um das Mühlrad zu betreiben.

Hinter der Mühle machen große, offensichtlich durch Wasser geschliffene Steine deutlich, dass die Ravenna ihre Ufer oft dramatisch übersteigt. Der Weg ist also nicht so sicher, wie ihr vielleicht dachtet. Je weiter ihr geht, desto enger wird die Schlucht. Das dunkle Moos und die

Der Versuch, hier zu schwimmen, dürfte tödlich enden. Doch verzweifelt nicht! Hinter dem Höllental wartet das Himmelreich.

Fichten am Hang auf der anderen Seite des Bachs sind plötzlich sehr nah. Bäume mit grotesk gekrümmten Stämmen wachsen aus dunklen, rissigen Felsen. Die hohen Steilwände erzeugen eine bedrückende Stimmung. Die Ravenna rast durch ihr steinernes Bett und bildet immer wieder Wirbel und Strudel. Der Versuch, hier zu schwimmen, dürfte tödlich enden.

Doch verzweifelt nicht! Hinter dem Höllental wartet das Himmelreich – die RAVENNASÄGE, ein Gebäude, in dem sich eine der schwarzwaldtypischen, von Wasserkraft angetriebenen Sägemaschinen befand. Heute könnt ihr hier Getränke und Verpflegung in Selbstbedienung kaufen. Bänke und Tische warten auf erschöpfte Wandernde. Mit neuen Kräften folgt ihr dann dem Schotterweg über die Wiese Richtung Piketfelsen wieder in den Wald, auf dem Querweg Freiburg-Bodensee mit der weiß-roten Raute. Der Weg windet sich am steil abfallenden Hang entlang.

TIPP
Münzgeld für die Verpflegung an der Ravennasäge mitbringen.

**Als hätte
der Teufel
mit den
Felsbrocken
wie mit
Murmeln
gespielt.**

Unter euch liegt in bis zu 80 Metern Tiefe die Ravenna. Nach dem Lärm unten in der Schlucht ist es hier oben einsam und still. Der Aufstieg ist anstrengend. Je höher ihr steigt, desto kälter und stärker wird der Wind. Wenn ihr den PIKETFELSEN auf 1040 Höhenmetern erreicht, zischt er eiskalt aus dem Tal herauf und rauscht unheimlich in Bäumen und Büschen. Der Blick auf den dichten, dunklen Schwarzwald mit hellen Almen unter dem baumbestandenen Kamm ist es wert.

Kurz hinter dem Piketfelsen steht mitten im Wald ein HÖLZERNER THRON. Ob hier der Teufel Audienz hält? Auf dem Gipfel färben Moos und Heidelbeersträucher den Waldboden giftgrün. Rechts vom Weg liegt undurchdringlicher Wald, links öffnet er sich immer wieder und gibt Blicke über das Tal frei.

Nach knapp einem Kilometer führt euch der schmale steinige Pfad wieder merklich bergab, zwischen bizarren Pilzen und hohlen Baumstämmen direkt am Hang entlang. Hinter einer kleinen Brücke verlasst ihr die weiß-rote Raute und haltet euch Richtung Ravennaschlucht. Ihr folgt einem sehr schmalen, zugewachsenen Pfad. Rechts über euch drohen graue Felsriesen, links klafft die tiefe Schlucht. Immer wieder tauchen jetzt Geröllhalden am Hang über euch auf. Scharfkantige Gesteinsbrocken liegen verstreut, als hätte der Teufel mit ihnen wie mit Murmeln gespielt.

An der Viererkreuzung haltet ihr euch links bergab. 500 Meter weiter geht ihr wieder bergauf, geradeaus Richtung Ravennaschlucht. So legt ihr das letzte Stück entlang einer überwucherten Mauer aus grauen Steinen auf dem berühmten Jakobsweg zurück. Wenn der Wald sich öffnet, könnt ihr noch einmal – wie die Menschen vor der Hinrichtung – auf die baumbestandenen Berge blicken. Dann geht ihr unter dem Viadukt hindurch zurück zum Höllsteig und Galgenbühl.

#16

Vom Gasthaus Löwen zur Burgruine Staufen

Übernachtet in dem Zimmer, wo Dr. Faust vom Teufel getötet wurde. Besichtigt das historische Staufen und entdeckt Alemannische Gräber, Steinzeithöhlen und die Burgruine Staufen.

HIN & ZURÜCK
Gasthaus zum Löwen,
Rathausgasse 8, Staufen
im Breisgau, 500 Meter
vom Bahnhof Staufen und
dem kostenlosen Parkplatz
an der Krozinger Straße
• Tagestour
• Streckenwanderung
• Länge 18,9 km
• hoch 551 m, runter 496 m

DOKTOR Johann Georg Faust war ein Alchemist, Astrologe und Wunderheiler. Im frühen 16. Jahrhundert zog der Schwarzmagier durch Süddeutschland, wie zeitgenössische Quellen belegen. Es heißt, er habe einen Pakt mit dem Teufel geschlossen. Seine Seele werde nach dem Tod Mephisto gehören, wenn dieser ihm dafür im Leben zu großem Glück verhelfe. Fausts Erfolg scheint tatsächlich kaum anders als durch einen Teufelspakt erklärbar zu sein. Denn in einer Zeit, als die Menschen zutiefst christlich waren und sich vor dem Teufel und schwarzer Magie fürchteten, gelang es ihm, selbst Kirchenfürsten für sich zu gewinnen.

Um 1539 kam Faust zur Burg Staufen. Anton von Staufen stellte ihn als Goldmacher an, da das glücklose Adelsgeschlecht finanzielle Schwierigkeiten hatte. Es kam zu einer chemischen Explosion, die Johann Georg Faust tötete. Man sagt, er habe kurz zuvor lautstark mit seinem unheimlichen Schwager gestritten, der plötzlich verschwunden sei. Fausts Leichnam wurde in grässlich deformiertem Zustand aufgefunden – im Zimmer fünf des GASTHAUSES ZUM LÖWEN. Das Gasthaus und das historische Faustzimmer existieren noch immer. Das Zimmer kann für Übernachtungen gebucht werden.

Die Wanderung beginnt vor dem Löwen in der Rathausgasse. Von dort schlendert ihr zum historischen Rathaus, wo noch der Pranger erhal-

Gasthaus zum Löwen

Anno 1539 ist im Leuen zu Stausen Doctor Faustus so ein wunderbarlicher Sigromanta gewesen, elendiglich gestorben und es geht die Sage, der oberste Teufel einer, der Mephistophiles den er in seinem Lebzeiten nur seinen Schwager genannt, habe ihn, nachdem der Pact von 24 Jahren abgelaufen, das Genick abgebrochen und seine arme Seele der ewigen Verdammnis überantwortet.

J. Saiger   W. Hickel
1909   1404
                    1919

Seine Seele werde nach dem Tod Mephisto gehören, wenn dieser ihm dafür im Leben zu großem Glück verhelfe.

TIPP
Am Böckfelsen liegt der Kletterwald Staufen. Kurz vor dem Aussichtspunkt könnt ihr einen Teil davon sehen. www.kletterwald-staufen.de

ten ist, und bemerkt unterwegs Risse in den Fassaden vieler Häuser. Seit Jahren hebt und senkt sich unter Staufen die Erde. Ihr verlasst den Ort über Kirchstraße, Auf dem Rempart und Weiherweg. Dann geht ihr geradeaus auf den Wald zu, vorbei an einem drei Meter hohen KRUZIFIX neben einem Lebensbaum. So beginnt die Höllbergrunde.

Hinter der nächsten Kurve wandert ihr geradeaus über die Wiese und folgt dem schmalen Pfad nach links in den Wald. An der ersten Gabelung haltet ihr euch wieder links und geht kurz danach halblinks bergauf. Folgt nun der Beschilderung „Messerschmiedfelsen". Hinter DREI AUFFÄLLIGEN EICHEN, die mitten auf dem Weg wachsen, liegt der Aussichtspunkt.

Der Weg führt von dort steil bergab Richtung Böckfelsen. Knorrige alte Eichen wachsen auf zerklüftetem Vulkangestein. Nach 500 Metern folgt ihr direkt am Abgrund einem Schotterweg und überwindet querliegende Baumstämme. Am Aussichtspunkt Böckfelsen könnt ihr über das Münstertal und zum Belchen blicken.

Dann geht ihr den Weg 300 Meter zurück und links Richtung St. Johanneskapelle. Der Wald wird dunkler und dichter, versperrt oft jegliche Sicht. Nach 1,6 Kilometern biegt ihr links zur Kapelle ab. In einer düsteren Gruft findet ihr ein HEILIGES GRAB, also eine Kopie der Grablege Jesu Christi.

Von der St. Johanneskapelle geht ihr steil bergab Richtung „Staufen/Burgruine" und biegt an einer kleinen Betkapelle scharf rechts auf den verwilderten Weisheitsbaumpfad. Folgt ihm durch den Wald bis zum Schützenplatz, einem Rastplatz mit Schutzhütte und Feuerstelle. Von dort geht ihr Richtung Burgruine am Weinberg entlang mit Blick auf die Burg Staufen. Folgt der Alois-Schnorr-Straße und dann der Bötzenstraße nach rechts. Nach einem Kilometer erreicht ihr den St. Gotthardhof und dahinter die ST. GOTT-

HARD-KAPELLE. Sie diente im 14. Jahrhundert als Bittkapelle für Leprakranke, da die sogenannten „Aussätzigen" nicht mehr mit Gesunden am Gottesdienst teilnehmen durften. Sie gehörten ins Reich der lebenden Toten und verbrachten die Zeit bis zu ihrem Ende in abgeschiedenen Leprosenhäusern.

Ein Stück hinter der Kapelle führt euch der Rothofweg nach links in den Wald. Riesige Fichten stehen eng zusammen und sperren das Licht aus. Eine gelbe Raute führt nach 500 Metern auf einen Waldweg Richtung „Ehrenstetten". 300 Meter weiter erreicht ihr den Bettlerpfad und folgt nach 600 Metern einem breiteren Waldweg nach rechts zu den Alemannengräbern, die bald ausgeschildert sind.

Rechts oberhalb des Wegs versteckt sich der ALEMANNISCHE FRIEDHOF aus dem 7. Jahrhundert, der von einer großen, aufrechtstehenden Grabplatte gekennzeichnet ist. Hier nahmen die Bewohner der längst untergegangenen Siedlung Wolfsberg Abschied von ihren Verwandten und Freunden. Ein geöffnetes Grab bietet einen Blick ins Totenreich der Alemannen.

Kehrt wieder auf den Bettlerpfad zurück. Folgt der gelben Raute durch den dichten Wald, über den Wolfsberggraben und Richtung Lourdesgrotte/Ehrenstetten durch Wiesen, Felder und Wald. Auf einer weiteren Brücke durchquert ihr den Norsinger Grund, ein Tal mit lehmigen Steilwänden, das von einem Bach durchflossen wird. Haltet euch links bergauf und blickt von oben, über efeubewachsene Hänge, auf sein breites Bett. Nach 700 Metern durchquert ihr die Lourdesgrotte am Ahbach, die der heiligen Maria gewidmet ist. Hier verlasst ihr den Bettlerpfad und haltet euch links, bis ihr die Wentzinger Straße quert und über eine Brücke ins HEXENTAL gelangt. Ein zugewucherter Pfad führt nach 100 Metern rechts bergauf ins Naturschutzgebiet Öl-

Sie gehörten ins Reich der lebenden Toten.

Diese Steinplatte war die Decke
eines Grabes des hier befindlichen
alemanischen Friedhofes aus dem
6 bis 8 Jahrhundert welcher zu den
meter unten gelegenen seit 1457
verschwundenen Dorfe Wolfsberg
gehörte.   Erichtet 1968

Ob der Teufel wieder seine Hand im Spiel hatte?

ÜBERNACHTUNG
Mehr Informationen zur Übernachtung im Hotel Löwen unter:
www.loewen-staufen.de.

berg Ehrenstetten. Kurz könnt ihr noch das Tal sehen, doch bald wird die Vegetation zu dicht. Steilwände und Felsvorsprünge tauchen auf, Efeu klettert mit dicken Ranken die Bäume empor. Haltet euch an der Gabelung rechts bergab und geht vorsichtig am Abhang entlang. Bald seht ihr zehn Meter über euch die erste der drei Höhlen, die TEUFELSKÜCHE genannt werden. Steintreppen führen euch steil hinauf. Das Klettern bis zur Höhle ist auf eigene Gefahr erlaubt und nicht ganz einfach. Es hilft, sich an Wurzeln festzuhalten. Die rauen Öffnungen im löchrigen Fels sind mit dicken Spinnenweben bedeckt.

Geht weiter entlang der Felsen zu einer zweiten, länglichen Höhle in der unendlich hoch erscheinenden Steilwand. Der riskante Weg führt zwischen Efeu und Waldreben immer weiter am steilen Hang entlang. Bald taucht über euch eine Höhle auf, die ihr nur erreichen könnt, wenn ihr euch an einer Kette hochzieht. Am Ende der Strecke klettert ihr über Mauerreste der Burg Hauenfels, die zwischen 1200 und 1600 bewohnt war. Dann geht es steil bergab und man muss sich wieder an Wurzeln festhalten, um nicht abzurutschen.

Geht denselben Weg zurück nach Staufen, biegt diesmal von der Bötzenstraße Richtung Burgruine ab und steigt auf den Schlossberg. Vor der Burg geht ihr links und kurz darauf durch einen alten Torbogen steil bergauf in den Wald, bis die ersten Mauern vor euch auftauchen. Geht weiter und biegt in den Zwinger ein. Ihr kommt zum inneren Tor mit dem Wappen der HERREN VON STAUFEN. Beim Blick vom Bergfried wird klar, warum sie hier ihren Stammsitz hatten: Das Adelsgeschlecht Staufen starb übrigens mit dem Sohn Antons von Staufen, der Faust angestellt hatte, im Jahr 1602 aus, da es keine männlichen Erben gab. Heute wacht die Ruine mit hohlen Augen über den Ort. Ob der Teufel wieder seine Hand im Spiel hatte?

17

Durch das Urseemoor
zur Bärenhöhle

Gruselt euch im sagenumwobenen Urseemoor, steigt auf die Raitenbucher Höhe, wo ein böser Geist sein Unwesen treibt, und klettert zu einer Höhle, die einst Bären und Räubern Unterschlupf bot.

HIN & ZURÜCK
Kostenloser Parkstreifen an der Straße „Am Kurpark"; Bushaltestelle „Lenzkirch Kurpark"
- Halbtagestour
- Streckenwanderung
- Länge 6,6 km pro Strecke
- hoch 330 m, runter 83 m

DIE WANDERUNG beginnt an der Bushaltestelle „Lenzkirch Kurpark". Von dort führt ein Schotterweg 1,3 Kilometer am Ufer des Urseebachs entlang. In seinem steinigen, flachen Bett fließt er zwischen giftiger Pestwurz und Brennnesseln und schon bald stehen rechts auf einer Wiese zwei unheimliche, dunkle Holzhütten. Es sind sogenannte BRUNNENSTUBEN, die im 18. Jahrhundert der Wasserversorgung dienten.

Bei der Brücke am Eingang zum Naturschutzgebiet führt ein Weg nach links Richtung Urseetal und Stoßfelsen. Nach 100 Metern zweigt ein Wiesenweg rechts ab und führt leicht bergauf. Ab der nächsten Brücke geht es im Schatten hoher Bäume weiter, denn das Urseetal ist in dicht bewaldete Hügel gebettet. Der geschotterte Urseeweg verläuft an einem feuchten, stark bemoosten Hang parallel zum Urseebach im Tal, auf dessen dunkles Wasser man nun von oben blickt.

Riesige graue Baumgerippe kündigen den Ursee an, der nach einem Kilometer auftaucht. Die Oberfläche des MOORSEES glänzt in seiner giftgrünen Umgebung pechschwarz. Der Boden ist so sauer wie Essig. Dürre Baumskelette wechseln sich mit Bäumen ab, die halb grau, halb grün ums Überleben kämpfen. Zwischen Fieberklee und Trollblume wächst hier der seltene fleischfressende Sonnentau. Graues Gestrüpp scheint sich mit letzter Kraft am Rand schwarzer Moorlöcher festzuklammern. Direkt unterhalb des Wegs ragen große Grasbüschel aus dem Sumpf. Es wirkt, als würden dort grünhaarige Wesen versinken.

Einer Sage nach pflügte ein Bauer einst beim Ursee mit einem Ochsengespann, als die Tiere plötzlich stehen blieben und sich keinen Schritt mehr bewegten. Der Bauer tobte und schrie: „Wenn eich nu alzsämme der Teufel hole thät!" (Waibel/Flamm 1899:139 f.). In diesem Moment stürmten die Ochsen mitsamt dem Pflug, auf dem auch der kleine Sohn des Bauern saß, in das dunkle Wasser. Der Bauer musste hilflos mit ansehen, wie die Tiere im Ursee versanken. Sein Kind kam knapp mit dem Leben davon. Jahre später wurde das Gespann am Ufer des Titisees gefunden. Man glaubte, es gäbe eine unterirdische Verbindung zwischen den beiden Gewässern.

Viele schaurige Mythen ranken sich um den schwarzen Moorsee. Nixen sollen in seinen Tiefen hausen, Hexen zwischen den leblosen Bäumen an seinem Ufer mit dem Teufel Orgien feiern. Besonders in der Walpurgisnacht soll man sie dabei beobachten können. Vom Rastplatz „Urseeblick" aus könnt ihr es versuchen.

300 Meter hinter dem Rastplatz führt der MORÄNENPFAD steil bergab Richtung „Raitenbuch". Folgt dem schmalen Trampelpfad über Geröll und Totholz und überquert den Urseebach auf zwei Holzstegen. Am Ende des Moränenpfads führt ein Schotterweg nach links. 100 Meter weiter zweigt der erdige Hirtenpfad Lenzkirch Raitenbuch scharf rechts ab. Achtung: Der Hirtenpfad ist nicht optimal ausgeschildert. Auf dem blauen Quadrat mit dem Schwarzwald-Bollenhut steht immer abwechselnd Hirtenpfad oder Genießerpfade. Er steigt stark an und führt auf die RAITENBUCHER HÖHE, vorbei an einer riesigen toten Fichte, die unter ihren grauen Ästen noch immer einen alten Hochsitz trägt. Der Tabaksbue (Tabaksjunge), ein böser Geist, der keine Ruhe findet, soll hier mit Wandernden seine grausamen Späße

Nixen sollen in seinen Tiefen hausen, Hexen zwischen den leblosen Bäumen an seinem Ufer mit dem Teufel Orgien feiern.

Zur Höhle hinunterzuklettern, ist nicht ungefährlich.

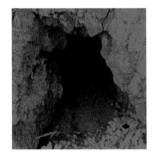

treiben. Vielleicht versteckt er sich im dunklen Wald links von euch und hofft, dass ihr auf dem verwurzelten Pfad stolpert?

Immer wieder verraten Löcher im Boden, dass sich hier Waldbewohner wie Mäuse oder Kreuzottern eingenistet haben. Ihr überquert einen Asphaltweg und folgt dem kleinen Pfad über viele dicke Wurzeln durch ein Wäldchen aus dürren, fahlen Robinienstämmen und Birken. Nach einem Kilometer geht ein breiter Schotterweg leicht bergab nach rechts. Der Hirtenpfad führt danach über zwei Viehweiden in ein karges Waldstück. Auf braunem Waldboden wächst zwischen den weit auseinanderstehenden Fichten kaum Moos, dafür krabbeln überall große Ameisen.

Am Ende des Hirtenpfads umrundet ihr eine Hütte und geht links am Parkplatz vorbei bergauf. Am Waldrand haltet ihr euch rechts. Nach 600 Metern könntet ihr rechts auf einen erdigen Waldweg abbiegen, doch ihr geht weiter geradeaus, wo ein kaum noch erkennbarer Pfad durch hohes Gestrüpp bergauf führt. Ab hier empfiehlt es sich, ein GPS-Gerät zu verwenden oder sich an Spuren anderer Wandernden zu orientieren. Wenn ihr nach 200 Metern eine alte graue Holzbank erreicht, seid ihr am besten Aussichtspunkt der Wanderung angekommen. Vom 1078 Meter hohen STOSSFELSEN kann man bei klarer Sicht sogar die Alpen sehen.

Einige Meter weiter rechts kommt ihr zu einem schroffen Abhang, an dem einige Steine als behelfsmäßige Treppe genutzt werden können. Unten rechts klafft in knapp fünf Metern Tiefe ein dunkles Loch im Felsen. Es ist die BÄRENHÖHLE. Zur Höhle hinunterzuklettern, ist nicht ungefährlich. Man kann leicht abrutschen und braucht außerdem Kraft, um sich wieder hochzuziehen. Entweder riskiert ihr es auf eigene Gefahr oder ihr geht von hier denselben Weg zurück nach Lenzkirch.

Giftschlangen
in Deutschland

Eine Aspisviper

Auch in Deutschland sollte man lieber gar nicht oder nur sehr vorsichtig quer durch den Wald gehen. Denn das kann äußerst schmerzhaft enden. Zum Beispiel, wenn man auf eine Giftschlange trifft.

Diese Tiere sind zwar keineswegs bösartig, sondern sehr scheu, doch sie beißen zu, wenn sie sich bedroht fühlen. Die wohl bekannteste Giftschlange Deutschlands ist die Kreuzotter. Kreuzottern werden bis zu 90 Zentimeter lang und können in vielen Farbvarianten auftreten. Man sagt, sie seien leicht an ihrer auffälligen Zick-Zack-Zeichnung zu erkennen. Allerdings gibt es auch Exemplare, die vollständig schwarz sind, weshalb man sie früher auch als „Höllenottern" bezeichnete.

Die einzige andere Giftschlange in Deutschland ist die Aspisviper. Sie lebt nur im Südlichen Schwarzwald. Auch sie wird bis zu 90 Zentimeter lang und hat oft eine auffällige Zeichnung, die von Streifen bis Zick-Zack variieren kann. Der auffälligste Unterschied ist die Kopfform: Der Kopf der Aspisviper ist stärker vom Körper abgesetzt als der eher ovale Kopf der Kreuzotter. Die Aspisviper hat zudem eine eckige, leicht aufgestülpte

Schnauze. Der Biss der Aspisviper ist in der Regel nicht tödlich, kann aber zu Lähmungen und allgemeinen Vergiftungserscheinungen führen. Der Biss der Kreuzotter ist meistens sehr schmerzhaft und kann für Kinder und geschwächte

Eine Kreuzotter

Menschen tödlich sein. Im unwahrscheinlichen Fall eines Bisses solltet ihr die Wunde auf keinen Fall aussaugen, ausschneiden, ausbrennen oder abbinden. Stellt den Bereich, falls möglich, ruhig und lasst euch zum nächstgelegenen Arzt oder in ein Krankenhaus bringen.

#18

Vom Kloster St. Blasien zum Feldsee

Seit jeher wurden Dämonen in die Tiefen des pechschwarzen Feldsees gebannt und sollen an den Ufern ihr Unwesen treiben. Folgt dem Weg eines Kapuzinerpaters, der drei böse Geister von St. Blasien zum Feldsee trug.

HIN & ZURÜCK
Busbahnhof St. Blasien (sieben Gehminuten vom Dom),
Parkhaus am Busbahnhof oder kostenloser Wanderparkplatz an der Muchenländer Straße (450 Meter vom Dom)
- Tagestour
- Streckenwanderung
- Länge 20,5 km
- hoch 733 m, runter 370 m

DER FELDSEE, das schwarze Auge des Feldbergs, starrt aus düsterem Nadelwald und zerklüfteten Felsen empor. Hier sollen Dämonen hausen, die so grauenhaft sind, dass selbst Hexen das Weite suchen. Denn seit Menschengedenken wurden böse Geister in den See gebannt. So geschah es auch einem grausamen Fürstabt und zwei niederträchtigen Mönchen des Klosters St. Blasien. Weil sie die Anwohnenden misshandelten, mussten sie nach ihrem Tod als ruhelose Geister im Kloster umgehen. Ein Kapuzinerpater aus Staufen wurde zur Hilfe gerufen. Er bannte die Geister in Säcke, trug sie mit zwei Helfern zum Feldsee und versenkte sie in den schwarzen Tiefen. Seitdem sollen die drei rastlosen Seelen manchmal Menschen, die sich dem See nähern, in Angst und Schrecken versetzen.

Die Wanderung folgt dem Pater und seinen furchtlosen Helfern auf ihrem Weg vom KLOSTER ST. BLASIEN zum Feldsee. Am Domplatz überquert ihr den Fluss Alb. Er wird euch fast 17 Kilometer lang begleiten, denn ihr wandert bis zum Feldberg auf dem Albsteig. Folgt der Hauptstraße nach links Richtung „Wildgehege" und haltet euch 600 Meter vor dem Gehege wieder links Richtung „Menzenschwand Vorderdorf/Feldberg Hebelhof". Wenn ihr die L 149 überquert habt, seid ihr nur noch von Wald umgeben und allein mit der Alb. Sie rauscht durch ihr felsiges Bett, und zwischen dicken Steinen bilden sich immer wie-

Wenn ihr euch vorstellt, ihr hättet auch noch drei böse Geister im Sack dabei, wird es immer unheimlicher.

der gurgelnde Wasserwirbel um Inseln aus giftiger Pestwurz und hohem Schilf.

Zwischen dem schroffen Hang zu eurer Linken und der Alb zu eurer Rechten ist die Luft selbst bei hohen Temperaturen feucht und kühl. Bald überragt die Felswand euch so weit, dass ihr den Gipfel nicht mehr erkennen könnt. Knorrige Bäume wachsen hoch über euren Köpfen. Immer wieder tun sich Blicke über dunkel bewaldete Bergkämme auf. Wenn ihr euch vorstellt, ihr hättet auch noch drei böse Geister im Sack dabei, wird es immer unheimlicher.

Hinter dem einsamen SÄGEWERK GLASHOF steigt der Schotterweg an, sodass die Alb im Tal neben euch verschwindet. Ihr könnt nur noch das Rauschen hören, bis ihr eine Staustufe erreicht. Hier donnert das Wasser tosend in die Tiefe – ein Vorgeschmack auf die Wasserfälle von Menzenschwand. Hinter der Staustufe liegt die Alb wieder auf Höhe des Weges. Ihr Wasser ist plötzlich schwarz und totenstill. Bald erreicht ihr eine kleine Insel mit hohem Gras. Eine Bank lädt zu einer Pause ein. Wer sich traut, kann seine Füße im dunklen Wasser der Alb abkühlen.

Nach 1,2 Kilometern führt der Albsteig vom Schotterweg auf einen verwurzelten Waldweg, der immer steiniger wird. Flugmoosbehangene, dürre Nadelbäume säumen ihn. Fichtenskelette mit traurig hängenden Ästen verrotten zwischen Moos und Heidelbeersträuchern. Wenn der Weg an einem zweiten Pfad endet, liegt ein Hügel mit riesigen, kahlen Steinbrocken vor euch. Eine Erhebung links ist mit toten Fichten übersät. Haltet euch rechts und folgt einem Wiesenpfad weiter Richtung Menzenschwand.

Nach 300 Metern könnt ihr auf einer Bank neben einer riesigen Wurzel mit Blick über das Menzenschwander Tal rasten. Kurz danach kommt ihr automatisch wieder auf den breiteren Schotterweg. Geht nicht weiter geradeaus Richtung „Menzenschwand Brücke", sondern folgt dem unteren Weg Richtung „Menzenschwand Vorderdorf". Auf einem asphaltierten Weg wandert ihr durch das breite Menzenschwander Tal mit seinen Wiesen und Viehweiden, gesäumt von dicht bewaldeten Bergen.

Nach 1,2 Kilometern taucht rechts, circa 20 Meter vom Weg entfernt, ein Rastplatz mit Tischen und einer Feuerstelle auf. Auch wer keine Rast macht, biegt hier ein, hält sich davor links, folgt dem Albsteig weiter über eine Wiese und überquert die Alb. Der Weg geht 700 Meter auf einem Hang weiter, bis ihr Menzenschwand Vorderdorf erreicht. Durchquert das Vorderdorf, bis ihr nach drei Kilometern die mächtigen MENZEN-SCHWANDER WASSERFÄLLE im Hinterdorf erreicht.

Wassermassen stürzen von bis zu 30 Meter hohen Felswänden in eine Schlucht, die schon in der Eiszeit entstanden ist. Über Felstreppen steigt ihr neben den Wasserfällen steil hinauf und spürt die Urkraft des Wassers. Besonders von Mai bis Oktober ist eine Übernachtung in Menzenschwand empfehlenswert, da die Wasserfälle drei Tage pro Woche im Dunkeln angestrahlt werden. Durch das Licht wirken sie in der Schwärze der Nacht noch gewaltiger. Wenn ihr wieder auf die Straße kommt, lohnt es sich, wenige Meter weiter noch einmal in den Wald zu gehen, da dort weitere Wasserfälle ein Becken bilden, wo man sich abkühlen und ausruhen kann.

Vom Wasserfall folgt ihr dem asphaltierten Feldbergweg leicht bergauf parallel zur Alb, vorbei an fahlen Geisterbäumen und einem SCHEITER-HAUFEN, der an die Köhler von Menzenschwand erinnern soll. Im Tal hört man das immer ferner werdende Rauschen der Alb, denn ihr steigt einen Kilometer steil bergan. Ein Betonsteg quert die WASSERFÄLLE VON MARIA LOCH. Von oben seht ihr, wie die Alb über riesige Gesteinsschichten hinabstürzt. An der Brücke wird der Schotterweg zu

> ## Durch das Licht wirken sie in der Schwärze der Nacht noch gewaltiger.

TIPP
Mehr Informationen zu den Beleuchtungszeiten der Menzenschwander Wasserfälle unter: www.hochschwarzwald.de.

Buchen, so dürr wie Hexenfinger, kratzen an ihren Nachbarn, den Fichten.

RÜCKFAHRT
Der zum Feldsee nächstgelegene Busbahnhof befindet sich auf dem Feldberg. Der kürzeste Weg dorthin ist der Karl-Egon-Weg.

einem schmalen Pfad, der sich durch Unterholz bergauf windet.

Hier beginnt die Kernzone des Biosphärengebiets. Der Wald ist völlig verwachsen. Buchen, so dürr wie Hexenfinger, kratzen an ihren Nachbarn, den Fichten. Der steile Weg wird immer wieder von Wasser überspült. Das Dickicht am Wegesrand scheint undurchdringlich. Der Aufstieg ist sehr anstrengend, aber ein kalter Wind kommt vom Berg herab, sodass man gleichzeitig schwitzt und friert. Wenn der Pfad endet, verlasst ihr mit ihm auch den Albsteig und haltet euch rechts Richtung „Caritas-Haus/Zweiseenblick". Ihr habt den zweithöchsten Gebirgspass Deutschlands auf 1231,3 Metern über dem Meeresspiegel erreicht. Folgt von dort dem Seesträßle 2,2 Kilometer bergab Richtung „Feldsee" und biegt links auf einen steilen, schmalen Waldweg. Dann liegt er vor euch: der pechschwarze, unergründlich tiefe FELDSEE, umgeben von einem Kessel aus steilen, rauen Felsen und dunklem Bannwald.

Besonders in den Abendstunden ist die Umrundung des schwarzen Auges schaurig. Beim Anblick des dunklen Sees und der riesigen Felsen fühlt man sich klein und hilflos. Tote Bäume sind in das dunkle Wasser gestürzt und greifen wie Klauen ins Licht. Der Wald am Ufer ist wild und dicht. Unwillkürlich macht sich das Gefühl breit, aus dem Dickicht beobachtet zu werden. Es verstärkt sich noch, wenn man plötzlich vor einem KREUZ steht, dass einer Frau gewidmet ist, die hier im Alter von nur 20 Jahren verstarb.

Wenn ihr die Umrundung des Feldsees geschafft habt, könnt ihr zurück nach St. Blasien wandern oder vom Feldberg einen Bus nehmen. Doch Vorsicht: Man sagt, wer dem Feldsee den Rücken kehrt, dürfe sich nicht umdrehen, wenn Stimmen nach ihm riefen. Denn dann werde er von den bösen Geistern auf den Grund des schwarzen Sees gerissen.

19

#19

Durch das Höllbachtal
zur Teufelsküche

Im Mittelalter glaubte man, der Teufel müsse in diesem unheimlichen Tal hausen. Wandert am wilden Höllbach entlang zu den kochenden Wassern der Teufelsküche und den tosenden Höllbachwasserfällen.

HIN & ZURÜCK
Wanderparkplatz Sägmoos;
Bushaltestelle „Görwihl
Marktplatz" (1,9 km entfernt)
• Tagestour
• Rundwanderung
• Länge 12,7km
• hoch 426 m, runter 426 m

ZWISCHEN dem Wanderparkplatz Sägmoos und der Sägmooshütte mit ihrem bizarr geformten, dunklen Schutzdach folgt ihr einem breiten Weg Richtung „Höllbachwasserfall". Je weiter ihr wandert, desto dichter wird der Wald. Dann hört ihr das Rauschen des höllischen Bachs und stoßt unerwartet auf ein Stück Zivilisation: eine Kreuzung mit einem Holzsteg und einem Wehr.

Vor euch liegen nun zwei gegensätzliche Wasserläufe: Links tobt der Höllbach über große dunkle Steine, rechts fließt die HINTERE WÜHRE als Forellenbach friedlich durch ihr Bett aus hellem Kies. Überquert den Forellenbach auf dem Holzsteg und folgt dem schmalen Pfad zwischen den beiden Bächen. Während ihr durch die dichter werdende Vegetation wandert, entfernt der Höllbach sich zusehends von euch und tost bald 20, bald 30 Meter unterhalb, bis ihr nur noch sein Rauschen aus dem Tal hört. Die Wühre begleitet euch 500 Meter weit.

Dann folgt ihr dem breiteren Albhaldenweg links bergab und haltet euch nach 300 Metern scharf links. Plötzlich bricht der HÖLLBACH neben euch aus dem Unterholz. Ihr überquert ihn auf einer Brücke und folgt dem lehmigen Weg. Kahle, fleckige Fichtenstämme stehen jetzt dicht an dicht. Moosbehangene, abgebrochene Zweige recken sich zu Tausenden drohend gen Himmel. Haltet euch nach 100 Metern links bergauf. Die Abzweigung rechts führt zwar am Ufer des Höllbachs entlang, scheint aber ein Trick des Teufels zu sein, denn sie ist in keiner Karte verzeichnet und endet urplötzlich im Nichts.

Ihr passiert eine steile Lichtung. Zwischen verrottenden Baumstümpfen wachsen hier Himbeeren, Brombeeren und stacheliger Hohlzahn. Pilze sitzen an moosbewachsenen Baumstämmen wie Geschwüre. Immer wieder strömen Rinnsale bergab, um tief im Tal den gierigen Höllbach zu füttern. Nach 700 Metern erreicht ihr den Burghaldenweg und folgt ihm halbrechts. Das entfernte Rauschen des höllischen Bachs erfüllt die Luft. Nach einer großen Rechtskurve erreicht ihr ein schwarzes KRUZIFIX. Biegt hier in den Burger Haldenweg Richtung „Teufelsküche".

Nun folgt ihr der Raute des Albsteigs. Je näher die Teufelsküche kommt, desto steiler und steiniger die Hänge am Weg. Dann zeigt sich rechts im Tal das weiße Gurgeln der Alb. Ihr wandert an atemberaubenden Steilhängen entlang.

Nach 2,5 Kilometern quert ihr auf einem Steg den Ibach, einen Zufluss der Alb, der mächtige Felsen durchfließt. Von oben blickt ihr auf die morschen Überreste einer ÄLTEREN BRÜCKE. Vorsichtig wandert ihr 100 Meter weit den rechten Rasenstreifen der Kreisstraße entlang, überquert sie und folgt dem Albsteig Richtung Teufelsküche links bergauf und bald bergab.

Ein Pfad führt euch zu einem abgelegenen Rastplatz. Immer wieder bieten sich auf dieser Strecke Blicke ins Tal, wo zwischen blankgewaschenen Felsen riesige Strudel entstehen. Besonders im Frühjahr, wenn der Schnee schmilzt, ist das Wasser so aufgewühlt, dass es zu kochen scheint. Im Mittelalter glaubten die Menschen, der Teufel müsse in dieser unheimlichen Schlucht wohnen. Darum nannten sie den Ort der eiskalt kochenden Wasser „TEUFELSKÜCHE".

Wenn ihr dem Teufel ausreichend beim Kochen zugesehen habt, geht ihr den Weg zurück.

> **Besonders im Frühjahr ist das Wasser so aufgewühlt, dass es zu kochen scheint.**

**Dichte
Vegetation,
die ihn
wie eine
grüne Hölle
umgibt.**

100 Meter vor der Kreuzung mit dem schwarzen Kruzifix biegt ihr vom Burger Haldenweg links in einen weichen Waldweg. Jetzt hört ihr wieder den Höllbach rauschen und seht große runde Felsen, die von Flechten überzogen sind. Überquert den geschotterten Hornemoosweg und folgt wenige Meter weiter dem erdigen Waldweg bergab. Er windet sich kurvenreich hinunter zum Höllbach.

Bald rauscht vor euch der erste Wasserfall über schwarzalgige Felsblöcke. Umgestürzte Bäume queren ihn ebenso wie die Metallbrücke, die ihr wählt. Sie ist auf mächtigen Felsen verankert und über Steinstufen erreichbar. Von der Brücke aus seht ihr einen weiteren wilden Wasserfall, der in zwei Stufen über Steine stürzt. Folgt dem Albsteig bergauf, vorbei an steilen, dunklen Felszinnen. Auf einer Tafel erfahrt ihr, warum der Höllbach hier so tobt: Er ist wütend, dass man ihm seit dem späten Mittelalter sein Wasser stiehlt und über die künstlich angelegte Wühre nach Görwihl leitet.

100 Meter hinter der Brücke donnert der große HÖLLBACHWASSERFALL aus dunklen Felsgiganten 8,5 Meter in die Tiefe. Besonders beeindruckend macht ihn die dichte Vegetation, die ihn wie eine grüne Hölle umgibt. Mit Blick auf den Bach folgt ihr zwischen riesigen Felsen und termitenstichigen Bäumen dem Pfad. Nach 200 Metern könnt ihr kurz rechts abzweigen, um den kleinen Höllbachwasserfall von oben zu betrachten. Dann geht ihr weiter bergauf, verlasst nach 700 Metern den Albsteig und haltet euch bergauf Richtung „Görwihl". Oben angekommen, geht es weiter Richtung „Sägmoos". Am Ortsrand von Görwihl biegt ihr links in die Straße Freudenberg und nach 30 Metern rechts in die Wührestraße. Sie wird hinter dem Heil- und Erziehungsinstitut Sonnenhalde zum Sägmoosweg, der euch zurück in den Wald führt. Nach 700 Metern erreicht ihr wieder den Wanderparkplatz Sägmoos.

#20

Vom Diebesturm
Tiengen zur Küssaburg

Vom Diebesturm Tiengen, wo sich zur Zeit der Hexenverfolgung Grauenhaftes zugetragen hat, wandert ihr über die historische Holzbrücke auf dem alten Weg zur Küssaburg.

HIN & ZURÜCK
Bahnhof Tiengen, kostenloser Parkplatz auf dem Festplatz an der Wutach, kostenpflichtige Alternative Park and Ride Parkplatz am Bahnhof
- Halbtagestour
- Streckenwanderung
- Länge 9,8 km
- hoch 415 m, runter 158 m

DIE WANDERUNG beginnt am STORCHENTURM in der Tiengener Altstadt, nahe dem Schloss. Der Turm wurde um 1300 aus Bruch- und Wackersteinen gebaut und war einer der fünf Wehrtürme der Stadt. Dunkler aber als das düstere Spitzdach des Turms ist seine Geschichte. Denn vom 16. bis ins 18. Jahrhundert diente der Storchenturm unter dem Namen „Diebesturm" als Gefängnis.

So war 1682 die „Hexe von Bühl" im Diebesturm eingekerkert. Maria Schneider, die mit ihrer Kräuterkunde vielen Menschen geholfen hatte, wurde von sieben Nachbarn der Hexerei bezichtigt. Sie machten die Heilerin für alles nur Denkbare – von Unwetter über Krankheiten bis hin zu außerehelichem Beischlaf – verantwortlich. Da die Beschuldigte die hanebüchenen Unterstellungen abstritt, wurde sie grausam gefoltert. Nach monatelanger Qual bekannte Maria Schneider sich endgültig schuldig und wurde hingerichtet.

Durch das Gitter in der alten Stadtmauer verlasst ihr den schauerhaften Ort. Durchquert den kleinen Park und überquert Ringmauergasse und Sulzerring. Haltet euch rechts, bis euch nach 15 Metern ein namenloser Weg leicht links parallel zum Sulzerring führt. Nach 20 Metern biegt ihr links ein, unterquert die L 159 und geht geradeaus. 400 Meter weiter erreicht ihr eine gedeckte Brücke. Die HISTORISCHE BRÜCKE aus dunklem Holz führt euch über die Wutach auf den alten Weg von Tiengen nach Küssaberg.

Am besten orientiert ihr euch aber an dem eher modernen Vitaparcours. Er führt euch hinter der Brücke rechts und dann links bergauf in den Wald. Vielleicht macht ihr unterwegs ein paar Übungen mit, um für eure Begegnung mit dem Geist des Bauernbezwingers auf der Küssaburg zu trainieren. An der Station 2 verlasst ihr den Vitaparcours, geht links am Marienschrein vorbei und biegt schon nach zehn Metern wieder links in den Parcours. Nach 800 Metern erreicht ihr einen Waldparkplatz. Überquert die L 160 und biegt nach 100 Metern links ab. 300 Meter weiter erreicht ihr das REIHERWALD-DENKMAL – drei Stelen, die den Toten und Vermissten der Weltkriege gewidmet sind. Steinerne Soldatengesichter starren traurig ins Nichts.

Folgt dem zugewachsenen Weg weiter, vorbei an moosüberwucherten, verrottenden Stämmen und Efeu, das die riesigen Bäume hinaufkriecht. Nach 400 Metern biegt ihr links auf einen breiten Schotterweg. An beiden Seiten liegt undurchdringliches Dickicht aus krummen Baumstämmen und Ästen, die oft umgekippt und völlig miteinander verworren sind. Ihr folgt jetzt der weiß-blauen Raute auf dem Küssaburgweg.

Bald lichtet sich der Wald, doch über euch bilden dunkle Bäume ein Blätterdach. Nach drei Kilometern erreicht ihr den DREITÄLERBLICK am Ende einer Wiese. Wer hier aber einen Blick über drei Täler erwartet, der wird enttäuscht. Hohe Bäume verhindern, dass der Ort seinem Namen gerecht wird. Immerhin könnt ihr auf der Bank eine Pause einlegen, bevor ihr einem schmalen Pfad halbrechts ins Unterholz folgt.

Ungefähr einen Kilometer wandert ihr jetzt oberhalb des Küssaburgwegs. Der Pfad am Hang im verwunschenen Wald ist abenteuerlicher als der Wanderweg im Tal. Moos klettert die Bäume empor. Riesige Pilze wachsen auf moderigen Stämmen. Besonders bei feuchtem Wetter sind

Steinerne Soldatengesichter starren traurig ins Nichts.

Vorsicht:
Über
dem Tor
droht eine
Pechnase!

ÜBERNACHTUNG
Ihr könnt im Gasthof Küssaburg oder einem Ferienhaus direkt an der Burg übernachten.

TIPP
Der Aufstieg von Küssaberg-Bechtersbohl zur Burg ist auch bei Nacht möglich. Feste Schuhe, eine gute Taschenlampe und etwas Vorsicht sind dann unerlässlich.

ANFAHRT
Von der Küssaburg läuft man 2,4 km bis zur Bushaltestelle „Bechtersbohl Abzw." an der B 34, nimmt den Bus 7331 bis „Lauchringen Bahnhof" und von dort die RB30 Richtung „Basel bis Tiengen".

hier gute Wanderschuhe unerlässlich, da ihr über eine schmale Schlucht klettern müsst. Dann geht es weiter durch ein grünes Steinmeer, bis bald der Hang rechts hoch aufragt. Ihr überquert dreimal einen Bach auf Stegen aus Stein oder Holz. Danach biegt ihr links auf einen breiteren Schotterweg, der quer durch den Wald führt, bis ihr wieder auf den Küssaburgweg trefft, dem ihr zum Ziel folgt.

Nach 1,5 Kilometern erhebt sich in der Ferne der Küssenberg, auf dessen Gipfel ihr schon die Burgruine erkennt. Die KÜSSABURG wurde 1634 von kaiserlichen Soldaten in Brand gesteckt, als sich schwedische Truppen näherten. Ihr durchquert Küssenberg-Bechtersbohl, vorbei am Rathaus bergauf, über Steintreppen und Schotterpfade. Vom asphaltierten Allmendweg aus haltet ihr euch kurz vor der Schloßbergstraße halbrechts, quert sie und folgt einem erdigen Pfad steil bergauf in den Wald. Umrundet die Küssaburg im Uhrzeigersinn und steigt nach 700 Metern steil bergan. So erreicht ihr die ehemalige Vorburg, von der nur wenige Mauern geblieben sind. Geht über die funktionstüchtige Zugbrücke durch das Haupttor in den Zwinger. Doch Vorsicht: Über dem Tor droht eine Pechnase!

Biegt links in die weitläufige Hauptburg ein. Vom Palas im Osten und vom Rondell im Westen habt ihr einen Blick bis ins schneebedeckte Juragebirge, der besonders bei Sonnenuntergang atemberaubend ist. Dann wird es jedoch unheimlich, denn der gefürchtete Landgraf Rudolf von Sulz muss auf ewig jede Nacht auf der Küssaburg umgehen – die Strafe für das grausame Niederschlagen des Bauernaufstands im Jahr 1525. Er hatte beide Anführer blenden und einem von ihnen die Finger abschlagen lassen. Lauft besser schnell durch das Burgtor, über die Brücke und geradeaus bergab. Nach 300 Metern wartet der sichere Gasthof Küssaburg mit Biergarten auf euch.

ZUM WEITERLESEN

Herden, Ralf Bernd: Das „Führerhauptquartier Tannenberg"
auf dem Kniebis. In: Die Ortenau: Zeitschrift des historischen
Vereins Mittelbaden, 82. Jahresband 2002.

Mayerhofer, Johann: Faust beim Fürstbischof von Bamberg.
In: Vierteljahrsschrift für Litteraturgeschichte 3, 1890.

Schnezler, August (Hg.). Badisches Sagenbuch I, 1. Aufl.
Karlsruhe 1846.

Schnezler, August (Hg.). Badisches Sagen-Buch II, 1. Aufl.,
Karlsruhe 1846.

Thoma, Willi: Elztäler Sagen. Waldkirch 1986.

Ummendorfer, Stefan; Rieckhoff, Alexander. Morde vor der
Haustür: die rätselhaftesten Kriminalfälle in Südbaden.
Bahlingen, 2008.

Waibel, Joseph; Flamm, Hermann (Hg.). Badisches Sagenbuch,
Freiburg 1899.

Die Texte der Badischen Sagenbücher von Schnezler sind auf
Wikipedia zu finden.

Das Badische Sagenbuch von Waibel und Flamm wurde 2016
neu aufgelegt.

BILDNACHWEIS

Mit 92 Farbfotos von Florian und Marleen van de Camp; Adobe Stock / Agami: S. 55 r.; Adobe Stock / bennytrapp: S. 116; Adobe Stock / Henri: S. 117; Adobe Stock / Martin: S. 55 l.; Albsteig Schwarzwald / Klaus Hansen: S. 129; Shutterstock / Beth Ruggiero-York: S. 54; Unsplash / Oliver Roos: S. 10. Mit 19 Karten von © GeoMap T&M Touristik und Medien GmbH, 70794 Filderstadt; © Bundesamt für Kartographie und Geodäsie 2022 (1): S. 7 Kartenbearbeitung: KOSMOS Kartografie Stuttgart, © Karte vordere Innenklappe: KOSMOS Kartografie, Stuttgart

IMPRESSUM

Umschlaggestaltung von Sandra Gramisci, Studio Gramisci unter Verwendung von vier Farbfotos von Florian und Marleen van de Camp. Das Titelbild wurde in der Ravennaschlucht aufgenommen.
Mit 99 Farbfotos.

Der Verlag hat sich um die Beachtung der gesetzlichen Vorschriften bezüglich Copyright bemüht. Wer darüber hinaus noch annimmt, Ansprüche geltend zu machen, wird gebeten, sich an den Verlag zu wenden.

Bibliografische Information der Deutschen Nationalbibliothek.
Die Deutsche Nationalbibliothek verzeichnet diese Publikation in der Deutschen Nationalbibliografie; detaillierte bibliografische Daten sind im Internet über http://dnb.dnb.de abrufbar.

Unser gesamtes Programm finden Sie unter belser.de.

Gedruckt auf chlorfrei gebleichtem Papier

© 2023 by Chr. Belser Gesellschaft für Verlagsgeschäfte GmbH & Co. KG, Pfizerstraße 5-7, 70184 Stuttgart

Alle Rechte vorbehalten

ISBN 978-3-98905-019-8
Redaktion: Lea Both
Korrektorat: Ulla Gerber
Gestaltungskonzept: Studio Gramisci, München
Satz und Produktion: Tatyana Momot
Reproduktionen: Heartwork Media, Frank Kreyssig, Germering
Druck und Bindung: LONGO AG
Printed in Italy / Imprimé en Italie